陈虎（陈少文）作品集

Legal Relativity
法律相对论

陈虎 著

图书在版编目(CIP)数据

法律相对论 / 陈虎著. —北京：北京大学出版社，2020.9
ISBN 978-7-301-31601-6

Ⅰ.①法… Ⅱ.①陈… Ⅲ.①法律—文集 Ⅳ.①D9-53

中国版本图书馆 CIP 数据核字(2020)第 166420 号

书　　名	法律相对论 FALÜ XIANGDUILUN
著作责任者	陈　虎　著
责任编辑	杨玉洁　靳振国
标准书号	ISBN 978-7-301-31601-6
出版发行	北京大学出版社
地　　址	北京市海淀区成府路 205 号　100871
网　　址	http://www.pup.cn　http://www.yandayuanzhao.com
电子信箱	yandayuanzhao@163.com
新浪微博	@北京大学出版社　@北大出版社燕大元照法律图书
电　　话	邮购部 010-62752015　发行部 010-62750672 编辑部 010-62117788
印刷者	涿州市星河印刷有限公司
经销者	新华书店
	880 毫米×1230 毫米　A5　8.5 印张　155 千字 2020 年 9 月第 1 版　2021 年 9 月第 3 次印刷
定　　价	59.00 元

未经许可，不得以任何方式复制或抄袭本书之部分或全部内容。
版权所有，侵权必究
举报电话：010-62752024　电子信箱：fd@pup.pku.edu.cn
图书如有印装质量问题，请与出版部联系，电话：010-62756370

谨以此书

献给生我育我的父母

陈广龙先生、谢士荣女士

目 录

做一只思想的狐狸（总序）／001
开放理论下的法律多元（推荐序）／001
作为一个过程和一种事业的法律（推荐序）／001
我拿什么奉献给你？（代序）／001

01 苏格拉底的死亡 ／ 001
02 偶然性平反：杨乃武与小白菜案反思录 ／ 015
03 野蛮的神判法？／ 031
04 言论自由的讽刺 ／ 041
05 政府真的越小越好吗？／ 053
06 禁酒令的意外后果 ／ 065
07 证明标准的背后 ／ 077
08 事与愿违的良法 ／ 091
09 汉德公式的功过是非 ／ 101

10　死刑能够废除吗？／ 113
11　无罪推定原则的迷思 ／ 131
12　判决书中的猫腻 ／ 143
13　你有权焚烧国旗吗？／ 153
14　政府能禁止公民乞讨吗？／ 167
15　颠覆三观的"三振出局法" ／ 181
16　税收就是保护费？／ 193
17　真实版的"洞穴奇案" ／ 203

附录　历史上的法案 ／ 219
01　1919 年美国禁酒令 ／ 223
02　1815 年英国《谷物法》／ 233

后记 ／ 243

做一只思想的狐狸 （总序）

犹太裔哲学家以赛亚·伯林（Isaiah Berlin）在《俄国思想家》一书中，曾专门通过对托尔斯泰和陀思妥耶夫斯基的比较，区分了"狐狸型"和"刺猬型"这两种知识分子及其观念差异。

狐狸同时追求很多碎片化的不同事物；但刺猬却能聚焦，把每个相关事物纳入一个统一的理论体系。

因而，"狐狸多知，而刺猬有一大知"。

伯林评价托尔斯泰天性是狐狸，却自以为是刺猬。

第一次看到这段文字，感觉就像在说自己。

看起来每天在文献里披沙拣金，在书房里撰写论文，在研讨会上发表观点，已经貌似一个聚焦于专业研究领域的"刺猬型"学者，但实际上骨子里，自己仍然是一个渴望拓展知识边界，而不甘于在一个领域里皓首穷经的文人。

相比于刺猬，我更愿做一只思想的狐狸。

前段时间,看到刘瑜给她8年前的杂文集《送你一颗子弹》写的再版序,她说,写作,犹如佛教中的沙画,全神贯注地创作,然后再一把将其抹去。

速朽,正是创作的目的。

因而,她会与这类文字告别。在诸多身份之中,她最终放弃了那个文艺青年的身份,而选择了女教授的那个自我。

而我,则恰好相反。岁月渐逝,马齿徒增,我却越来越追求一种多元的人生。我坚信,所谓的精彩,就是让自己无法被归类。

鱼和熊掌,皆我所欲。

甚至,我有意在陈虎和陈少文这两个身份之间不断切换,以让自己的生活,在理性和感性、学术和思想、严谨和灵动之间,维持一种微妙的平衡。

某种意义上,正如沃居埃所言:我,是英国化学家的头脑与印度佛教徒灵魂的奇异结合。

我知道,这种性情,在很大程度上会阻碍我获得某种世俗意义上的成功,成为一个在专业领域里有着公认建树的优秀学者。

但是,我更知道,每一次对外在标准样板拙劣的模仿,都会让自己面目全非。

我更像游牧民族,喜欢四处征战借以拓展知识的版图,而非安居一隅,不再渴望迁徙。

这中间的区分,非关能力,只涉性情。

做一只思想的狐狸（总序）

而这部作品集，正是这种性情而非才华的产物。

承蒙知函兄错爱，倡议并鼓励我出版这套个人作品集，本应推脱，但想起早年阅读陶潜，看到武陵人离开桃花源后，带人复返，"寻向所志，遂迷，不复得路"，便颇觉遗憾。如今，能有机会记录下自己知识旅行中的点滴收获，作为路标以让来者欣然规往，不至我曾领略之浩瀚精妙之知识世界，竟无人问津。

这项工作应该也还不算毫无意义。念及于此，遂勉力承应。

写到这里，其实已与伯林最初区分刺猬狐狸之意，相去甚远。

在他看来，刺猬之道，一以贯之（一元主义）；狐狸狡诈，却性喜多方（多元主义）。因而，如学者张晓波所言，不是刺猬型的卢梭、黑格尔、谢林、马克思，而是狐狸型的维科、赫尔德、赫尔岑等人，成为这个世界多元自由主义、消极自由的最好实践者，也成为对抗按照一元主义方案设计的极权社会的最好良药。

但其实细想，也没有偏题。

在任何一个时代，任何一种场域，想做一只思想的狐狸，都需要对抗一元体制的规训。我身处其中的学术，又岂能例外？

是为序。

2018年2月5日

开放理论下的法律多元（推荐序）

傅华伶*

陈博士给读者精心推荐17本中外学术名著，并通过对每一本著作的简明扼要的介绍，提出自己鲜明的学术观点和政策立场。实际上，每一篇书评都是一篇玲珑的学术评论，每一篇评论都有特定的研究问题。通过对特定问题的分析，陈博士把读者带进他的学术世界。

本书名为《法律相对论》，讨论法律多元的话题。但法律相对与多元在本书里有其特定的含义。这里指的并非传统意义上的，即法律规范和法律适用意义上的相对和多元，而主要是指规范的形成、制度的运作的偶发性和不确定性。综合历史、哲学、经济、传统对法律的影响的考察，该书回答的问题是：

---

* 香港大学法律学院院长，陈志海基金教授席（人权与责任）。

法律制度是如何形成的，法律决定是怎样作出的。

17本名著涵盖的内容广泛，但都和法律规范相关，包括刑事审判的起源，法律的经济分析，错案的制度根源，公民、政治权利与社会经济权利的关系，言论自由的边际。从涉及的理论范畴来判断，陈博士是伯林笔下的狐狸。

但本书的中心还是陈博士的本行——刑事司法制度研究。虽然所涉及的历史背景、理论视角不同，但大多数的篇章都回归到刑事审判的核心问题：定罪与量刑、神判与证据、无罪推定、刑罚的威慑。谈到刑事制度，陈博士有更大的热情，他的分析更加犀利，他的见解更加深刻。在这个意义上，陈博士还是一只刺猬。

陈博士的理论框架是开放的、包容的。在他的视野里，不同领域的法律规范与制度受到不同外在因素、力量的影响。影响侵权法律的是经济效率，而最能计算经济效率的是经济学家的公式。主导刑事法律发展路径的是大大小小的政治利益的分配，古今中外，莫不如此。从杨乃武、小白菜艰难的申冤之路，美国的禁酒令和解禁令，到言论自由界线的划定，在立法、司法的过程中起主要作用的并不是对价值、对正义的追求，而是外来力量和利益的推动。但决定宪法命运的还是宏大的历史文化背景——古典的社会契约论孕育了西方的自由民主制度，东方的人口规模和地理状况造就了它的威权体制。

当陈博士说法律是相对的、多元的时，他实际上在说法律

开放理论下的法律多元（推荐序）

本身是没有核心的。法律的发展没有内因，变化均为外因决定，不管是历史文化、政治利益，还是经济效率。外因可能是必然的，例如大河治水决定了中央集权制度；它也可能是偶然的，例如冤案昭雪的机遇。陈博士挑战的是一元的思想、一元的体制。

陈博士是一位很具有问题意识和问题导向的学术评论人。他的问题的最终落脚点都是中国的现实问题，而了解中国现实的关键在于对细微的问题、对故事的细节的挖掘。通过通俗的演绎去发现制度的内在逻辑，由此发现真理是简单的，正义是朴实的。

写书重要，但写书评更为重要。首先，书评人在把他人的著作介绍、推广给读者，并提醒读者哪些著作值得花时间一读。其次，书评人把自己的心得和读者分享，告诉读者怎样去读。最后，书评能推动学术交流，并通过交流营造一种学术批评的文化。

陈博士的著作就是一个良好的榜样。

2020 年 6 月 16 日
写于香港大学

作为一个过程和一种事业的法律（推荐序）

黄　山 *

学高为师，品贤为友，用亦师亦友来形容我眼里的少文老师再合适不过了。2014年，我们相识于iCourt的一场线下活动，他渊博的学识、深刻的思考和幽默的表达让我深深佩服。此后，在"觅法LawPlus"App推出之际，我想邀请的第一位专栏作者就是少文老师。在后来的交往中，我对法学的历史和法律的人文精神的理解和体认，深受少文老师的启发和教育。

本书一共17个短篇，其中既有苏格拉底之死、汉德公式这类经典法科题材，又有禁酒令、公民乞讨这类世俗生活话题。从书斋到市井，你看不到少文老师的边界。更难能可贵的是他在严肃思考之后对通俗表达所作的努力。按照少文老师的知识

---

* 广东广悦律师事务所主任，广州市律师协会会长。

结构和学术训练，他作些高深莫测的表达不在话下，但显然，这不是他的志趣所在。我在书中看到的是一位学者以亲切而鲜活的方式，将他多年以来在经典书目中的游历旅程分享给了读者。每个短篇中延伸的书目，一如户外探险旅途中的路标，将探险者指向一段新的旅程。

  本书笔触朴实，字里行间透露出一种博学、通透和睿智。然而，不要指望马上能从书中发现解决自己问题的现成答案，也不要急着找寻某个观点、某段论述是否与自己既有认知中的"法律"相契合。在阅读过程中，你甚至会感到疑惑，感到不确定，进而对曾经确信的结论"再回首"，作些反思。认知上的刷新、思维上的拓展、视角上的丰富以及阅读中的乐趣，便来源于此。韩愈《师说》有云："师者，所以传道授业解惑也。"我认为，真正的师者，并非纯粹传授知识，而是授业解惑，改变思维认知。

  本书出版之际，正值《中华人民共和国民法典》刚刚颁布。这是新时代我国社会主义法治建设的重大成果。法治中国需要大家都懂得法律是怎么回事，法律如何潜移默化地调整社会关系、影响人们的生产生活。这就要求法律工作者不仅能够坐冷板凳、苦心钻研，还能够对学术成果进行通俗演绎，将法治的精神传播到人民群众中去，以更好地推进社会主义法治建设，更好地保障人民群众的合法权益。这是一项充满挑战的任务，少文老师让我们看到了法律工作者对此作出的不懈努力。

作为一个过程和一种事业的法律（推荐序）

我们今天处在一个与过往全然不同的伟大时代，人民生活实现了从温饱不足到小康富裕的巨大飞跃。社会是飞速进步的，法律是保守稳定的，人民幸福感的增加有赖于社会需求与法律供给之间缺口的缩小，所谓"法与时转则治"。美国著名法学家伯尔曼曾说："法律不是作为一种规则体，而是作为一个过程和一种事业。在这种过程和事业中，规则只有在制度、程序价值和思想方式的具体关系中才有意义。"从这个角度，我更加赞许本书对法律作出的多元解读。

2020 年 7 月 16 日

我拿什么奉献给你？（代序）①

1

5年前，我和几个朋友一起去台北旅游。

6天的行程，我一共去了四趟诚品书店，其中一次，偶然得知当晚"诚品讲堂"有杨照先生的讲座"中国革命中的日本人"，于是匆匆吃完晚饭，早早赶到现场。

但是没想到，讲座居然是收费的。该主题系列一共6场讲座，每场收费450元新台币。我们当晚听到的，是其中第三场。

书店举办讲座还要收费？这样一个专业、严肃，而且和现实生活并无多少关系的题目，免费尚且未必会有多少人感兴趣，又要收一笔并不算低的费用，还不是周末，真的会有人来听吗？

我对这些问题都十分好奇。但是现场情况却大大出乎我的意料。

---

① 本文为中国法律领域首个知识付费 App"觅法 LawPlus"《法律相对论》栏目发刊词，略作润色，谨代序言。

现场200多个座位基本全部坐满，而且在预定讲座时间快要开始的时候，所有预付了费用的听众都已经落座，安静地等待杨照先生的出场。在整整两个半小时的讲座过程中，没有一人中途退场和接听电话。在讲座结束的互动环节，听众所提的问题也都相当专业而深入，俨然具有一个学术研讨会的认知水平，而不像是一场面向大众的普及型讲座。

我承认，那一刻，我被深深触动了。讲座彻底颠覆了我对知识付费的看法。从此，我对知识付费的心理障碍一扫而空。

这种通过付费筛选的受众群体，这种不需要夸张言辞、不需要调动兴趣的课堂，对于当时还在培训机构里浸润的我而言，正是多年以来梦寐以求的磁场。

2

未曾想，5年后，知识付费的模式在大陆蔚然成风，再也不是什么新鲜观念。

卓老板聊科技、罗振宇论网络、吴晓波侃商业、宋鸿兵讲金融，各种知识付费节目铺天盖地，可唯独法律领域，虽然有那么多和现实生活息息相关而又妙趣横生的内容，却从来没有人加以深入的挖掘和言说。

这个工作早晚会有人做。法律观念的普及者和法律文化的传播者，以及从事专业学术研究的人士，只有分工不同，而无高下之别。

用高晓松的话说，他们一个是performer（表演者），一个是 musician（艺术家），各自都有自己存在的逻辑和价值。

我曾戏言，在这个注意力短缺的时代，一切能引起人们短暂兴趣的事物，都必须具备以下四个特征之一：

第一，要有"逗逼"的笑料；

第二，要有"苦逼"的励志；

第三，要有"装逼"的情怀；

第四，要有"牛逼"的干货。

不论你承不承认，正是这些看似娱乐化的知识服务而不是严肃的学术探讨，在完成这个时代对年轻一代的知识启蒙。只要知识服务追求的是通俗，而不是取悦。

3

经常有律师朋友问我，该如何高效地阅读和学习？

我说，如果你做了律师，仍然每天坐在图书馆里看书学习，可能你自以为充实的生活，在我看来，反而是虚度。

律师和学者不同，后者多交一个朋友就要少读一本书，而前者多交一个朋友就等于多读一本书。进入社会，就意味着我们获取知识和信息的方式必须随之发生根本的变化。你需要学习的不是随时可以查到的信息，而是无论哪里都查不到的认知。

这个时代，能把人区分开来的绝对不是前者，而是后者！

认知差，而非信息差，才是人与人之间的根本差异。

很多知识的载体，如果只是信息的汇总，你完全可以放心大胆地舍弃，而把有限的精力集中在那些能够用三言两语提升你认知水平的内容之上。

正是基于以上原因，在接到"觅法 LawPlus"平台开设专栏的邀约后，我几乎一口就答应了下来。在多年以来的阅读和游历的过程中，我积累了很多刷新认知的法律观念，我也希望通过这个平台和大家分享我的这些感悟。

专栏名字最终确定为《法律相对论》，意思是，法律从没有一个唯一正确的答案，我们也许可以对所有曾经坚信不疑的传统认知重新进行一番审视，从而获得远高于信息差异的认知优势，体味法律背后的思维魅力。

因此，本书选题的标准唯在开启读者和听众新的认知视角，而这本小册子所收录的篇章，部分是我独立思考的原创成果，部分是对学界研究成果的通俗演绎。内在的逻辑，都在提倡一种多元的认知。本书个别地方借鉴和参考了若干学者的专门研究，因为随笔的性质和最初口语作品的呈现形式，没有办法以注释的方式详细注明每个出处，本人已在正文和书籍配图上作了必要的说明，如仍有挂一漏万之处，敬请读者诸君指出。

在开启您的阅读之旅前，有一句提示，请诸君牢记：

不要把视角当世界，不要把启发当结论。

那是本书不可承受之重。

我拿什么奉献给你，这，也许就是最好的答案。

是为序。

2020 年 3 月 20 日

01 苏格拉底的死亡

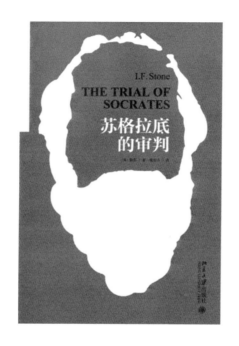

〔美〕斯东:《苏格拉底的审判》,董乐山译,北京大学出版社 2015 年版。

在西方历史上，有两个人的死亡对后世产生了深远的影响，一个是耶稣，另一个就是苏格拉底。

我们每次提起苏格拉底之死，都有这样一个传统的认识：苏格拉底当时是被雅典法庭以"侮辱雅典神""引进新神"和"腐蚀青年思想"三个罪名判处死刑的，而且苏格拉底曾经有过逃亡的机会，但是他仍然义无反顾地选择接受判决、自尽而死。因为，他内心坚信，如果按照学生的意愿选择逃亡，将会违背自己一生信奉的哲学观念，并将进一步损害雅典法律的权威。

所以，后世对这件事情有两个结论：

第一个结论是，苏格拉底死于雅典民主制度，更准确地说，是死于陪审制。

第二个结论是，苏格拉底宁愿死亡也要维护雅典法制的尊严。这一结论被后世实证主义法学用来论证"恶法亦法"的观点——即便是恶法也应该受到民众的尊重和自觉的维护。

但是，今天我却要提出一点不同的看法。

苏格拉底真的是死于雅典陪审制吗？苏格拉底真的是为了维护雅典法律的权威，才选择自杀而不是逃亡的吗？

在回答这些问题之前，我想向你推荐一本书《苏格拉底的审判》，作者是美国著名新闻人斯东。

斯东早年为美国八家中间偏左的报刊工作，这些报刊都倾向于共产主义思想，冷战期间，在麦卡锡主义的影响之下，这些报刊相继停刊，没有一家敢于继续雇用斯东，这使得他面临失业的困境。结果这非但没有将他击倒，反而激发了他独自办报的念头。当时，他用自己3 500美元的遣散费，再加上四处筹措的另外3 000美元，创办了《I. F. 斯东周刊》，在没有任何外界资助和广告收入的情况下，校对、主编、发行，一人身兼数职。结果《I. F. 斯东周刊》维持了19年，订户数量从一开始的5 000，达到最鼎盛时期的7万。他用这种独自作战的方式来追求新闻自由，而且他的订户中有很多社会名流，为大众所熟知的就有罗素、罗斯福夫人和爱因斯坦等人。著名影星玛丽莲·梦露甚至还曾私人出资为每位国会议员订阅一份，以期能够更好地发挥该周刊对政府所起的舆论监督作用。

就是这样一个人，不知道出于什么原因，突然开始对古希腊时期的苏格拉底之死产生了浓厚的兴趣，他想不通：在雅典这样一个注重思想和表达自由的社会，为何会无法容忍苏格拉底的存在？这中间究竟发生了什么？

为了解答这个问题，斯东居然从70岁开始，重新学习希腊文，目的就是可以直接阅读希腊哲学的经典文献。然后，又花了10年的时间写了《苏格拉底的审判》这本书去解答他心头的疑问：苏格拉底到底是不是真的死于雅典的陪审制？而他没有选择逃亡，是不是真的出于对雅典法制的自觉维护？

另外，还要特别提醒你注意的一点是：这本书的译者董乐山。他是一位非常著名的翻译家，曾经翻译过斯诺的《红星照耀中国》，也就是《西行漫记》，还翻译过奥威尔反极权主义的小说《1984》，以及著名的美国历史经典著作《光荣与梦想》。

在这本书里，斯东经过10年研究所得出的结论是：雅典司法制度并没有我们想的那么糟糕。苏格拉底不但不是被雅典的陪审制处死的，相反，他的死是自己主动追求的结果；另外，他选择了自杀而不是逃亡，也不是出于对雅典法律的尊重，恰恰相反，斯东证实苏格拉底是为了推翻雅典的法律而选择了自杀。

我们先来看看第一个问题：苏格拉底真的死于雅典陪审制吗？

要想回答这一问题，首先必须了解雅典司法制度中的定罪与量刑程序的关系。

当年的雅典陪审制实行的是定罪量刑程序分离的审判制度。也就是说，要想给苏格拉底判处死刑，雅典人必须要先进行定罪投票，只有在确定被告人有罪的情况下才可以进行量刑投票，两次投票都要过半数才可以判处一个人死刑。

这种定罪量刑程序分离的意义十分重大。我们国家直到 2012 年才实行这种分离制度。在此之前，定罪和量刑程序都是合二为一的。这就会导致量刑反制定罪的现象发生，也就是以量刑结果为导向回头寻找合适的罪名，这样就严重违背了司法的规律，产生"欲加之刑，何患无罪"的司法乱象。

而且，如果定罪和量刑程序合二为一，也会导致没有办法进行真正的量刑辩论。因为被告方必须把主要精力放在定罪问题的论证上，而无法在定罪问题尚无结论的时候，花费更多精力在量刑辩论上。在有限的庭审时限内，律师必须在无罪辩护和量刑辩护中进行选择，否则就会自相矛盾。

但是雅典在那个时代就实现了定罪和量刑程序的分离，被告完全可以在定罪阶段尽百分之百的努力进行无罪辩解，等到定罪结论作出后，再集中精力为自己进行量刑的辩护，在两个阶段都可以无所顾忌、充分展开辩护，从而有效避免了两个程序合二为一带来的自相矛盾的尴尬。分析到这里，你还能说它的司法制度就真的那么落后吗？

其次，必须了解雅典审理程序中的投票表决规则。

当时审理苏格拉底的 500 名陪审员中，究竟有多少人投票支持他无罪呢？

答案是 220 人。

是不是非常意外？这 500 人的陪审团，并没有像我们想的一样,是政府的打手或者爪牙,控方的意图,他们完全可以不买账,而是奉行独立裁判的原则裁断案件。你看,在雅典时期,控审就是有效分离的,政府想要给谁定罪,还要先经过陪审这一关。

实际上,这种方式特别有利于被告人。比如,英国在很早的时候就实行了陪审制,但当年因为社会治安状况恶劣,所以重刑主义倾向十分严重,即便是盗窃几便士的轻微盗窃犯罪人,也要被判处死刑。

但是,由于英国的司法制度实行的也是定罪与量刑程序的分离:先由陪审团决定被告人是否有罪,再由法官决定他应该被判处何种刑罚。这样一来,一旦轻微盗窃的行为被认定为盗窃,后面的量刑结果就肯定是死刑,这样的罪刑关系显然太过严厉。陪审团也觉得这样量刑太过分了,所以,为了不让小偷被判死刑,干脆都把轻微盗窃的行为都宣判为无罪。你看,这样一来,程序法上的科学设置就实际上缓解了实体法上严苛的罪刑关系。

所以,如果定罪与量刑程序分离,某种程度上是有利于被告人的,因为陪审团完全可以为了避免对被告人处以重刑,而不给他定罪。所以,雅典实行的分离制度其实是对苏格拉底非常有利的。

可是,苏格拉底是怎么想的?当他听到有220个陪审员认为他无罪之后,竟然有些意外,甚至还有点失望。苏格拉底有个学生叫色诺芬,他说苏格拉底的本意是想在法庭上激怒陪审团给他定罪。可万万没有想到的是,仍然有这么多人觉得他是被冤枉的。你说苏格拉底的死能归咎于雅典的陪审制度吗?当然不能!

当时的投票表决规则,其实对苏格拉底也是非常有利的。

500人的陪审团,如果在定罪阶段表决票数相等,250票有罪,250票无罪,按照雅典陪审制的表决规则,就应该判决被告无罪,这实际上已经体现出了一定的无罪推定的精神。而本案表决票数是280票对220票,票数差距是60票,如果苏格拉底真心想说服陪审团,以他的口才,只需要改变30个人的想法就足够了,而这对他其实并非什么难事。但是他选择了放弃,反而一心求死。根据历史资料记载,苏格拉底当时内心一直有一个声音:现在死了反而好,免得将来为老年疾病所困。所以你看,在一个有利于被告人的表决规则的影响下,苏格拉底放弃了这样一个改变命运的机会。他的死,当然不能简单地归咎于雅典陪审制度。

其实,即便他定罪阶段的机会丧失了,苏格拉底也未必一定要面对死刑的命运。

雅典历史上,有很多人是被起诉以后潜逃,让司法机关抓不到的,普罗泰戈拉就是这样。还有一种方法就是选择主动自我流放。根据当时的雅典法律,只要别人告你死罪,不管你事实上是否有罪,都可以主动请求把自己流放,就可以不用进入审判阶段，更不会被执行死刑，期满之后回来还可以继续竞选公职。比如阿尔西比亚德斯，他主动流放回来以后居然还当上了领导人，可以说是"翻身农奴把歌唱"。但是苏格拉底也没有利用这一制度，而是直接进入了量刑阶段。

最后，必须了解雅典审理程序中的量刑辩论制度。

在定罪量刑合一的制度设计中，法庭审理的重点在定罪问题上，对于量刑问题基本没有时间展开充分调查和辩论，判决书中对于量刑也几乎没有任何说理，判多少年完全取决于法官的自由裁量和暗箱操作。但是雅典就不一样。按照雅典的陪审制度，即便被告人激怒了陪审团被定罪，也并不一定会得到死刑判决，因为量刑阶段仍然有保护被告人的第三道防火墙。具体的操作步骤是：控方和辩方有权各自提供一种量刑方案，然后由陪审团在两者之间进行选择，但是陪审团不能在此之外作出第三种判决，只能作非此即彼的选择。

发现没有，在这样的制度设置下，苏格拉底在量刑阶段的论证义务其实非常之轻。他只须说服陪审团，使其确证控方要求的死刑判决过重，陪审团就必须选择辩方提出的量刑建议。按照我们现在的制度，即便辩方能够说服法官，让他确证死刑判决过重，最后得到的也只可能是一个死缓判决，但是，这种非此即彼的量刑在认为死刑判决过重之后，法官给被告人一个缓刑、流放或者罚金的判决也完全可能。何况，本来就有220个人认为苏格拉底不应该被定罪，这些人既然认为定罪都不可能，在量刑环节更加不会同意死刑判决，所以，其实在量刑阶段的辩论中，苏格拉底只须在这些不同意定罪的220个人之外再拉到30个人认为死刑判决过重就大功告成了。想想看，这是不是极其容易，甚至不需要作出任何努力都能达成的目标？但最后苏格拉底还是被愤怒的陪审团判处了死刑，可以说，这完全是他自己找死的结果。

苏格拉底是怎么做的呢？

作为辩方，他不愿意提出任何一种刑罚。他的逻辑是，只要他提出具体的量刑建议，哪怕很轻，都等于承认自己犯罪。要么被判死刑，要么无罪释放，在这两者之间没有中间地带。这样一来，陪审团即便认为死刑判决过重，但苦于没有第二种选择，只能陷入一种尴尬。

不仅如此，苏格拉底还不断刺激陪审团。不提出辩方更轻的量刑建议也就算了，他居然建议陪审团宣布他是公民英雄，在他刑满释放之后，在他的余生之中，每天都要在市政厅为他供食。

这就是作死的节奏了。要知道，市政厅是什么地方？就像每个家庭都要有炉灶来供奉灶王爷一样，每个城市也要有一个城市的炉灶。只有特别显赫的公民才能被供奉在市政厅里，而且只有一顿食物，但苏格拉底居然要求一日三餐都必须供养。不定你罪就不错了，你现在居然不知天高地厚，反过来要求整个雅典把你供为新神，是可忍孰不可忍！陪审团终于被彻底激怒了，即便那些本来同情他的人也临阵倒戈，认为苏格拉底这次做得的确有些过分了。

苏格拉底好像自己也觉得有点过分，于是，他就提出了一个罚金的建议，不过这也有点故意挑衅的味道。

因为他建议的罚金数额居然是：1 迈那。

这下，连柏拉图这么崇拜苏格拉底的学生都看不下去了，老师啊，你还想不想玩了，你就是提 30 迈那也好一些，我们还可以作担保，你没钱，我们有钱啊。连他最亲近的学生们，也觉得老师这戏演得有点过了。

最后只剩一个机会了。在苏格拉底被判处死刑以后，雅典正在进行一年一度的祭祀神明的活动，所以死刑执行就要延期。

就在这个空当里，出现了我们非常熟悉的那个历史上的故事。一群苏格拉底的朋友、学生前来看他，不断地劝他抓紧机会出逃，甚至已经帮他准备好了资金，规划好了出逃路线，但这最后一个机会，苏格拉底也放弃了。

最后的结果，已经可想而知。

在量刑阶段，同意判死刑的陪审员有 360 人，不同意判死刑的 140 人。

可能你会觉得非常奇怪。当初只有 280 名陪审员认为苏格拉底应该被定罪，但是在量刑阶段，认为他不但有罪，还认为他应该被处死的人数竟然增加了 80 人。

讲到这里，你大概已经有了答案：苏格拉底到底是被雅典的陪审制度害死的，还是他自己一心求死。让这80个人产生如此极端的情感变化，这不是苏格拉底自找的又是什么呢？

所以，苏格拉底的死不能简单地归结于雅典的司法制度和民主制度。

历史的细节告诉我们，雅典的制度并不必然会把一个城邦的优秀人物送上断头台。

接下来的第二个问题是，苏格拉底为何要一心求死呢？

我们先来看一下历史背景。苏格拉底出生在公元前469年，出生在雅典的黄金时期。

这个时期的雅典实行民主制，用抽签的方式选择领导人。现在的人们可能会觉得抽签的方式太不靠谱，而当时的人们却并不这样认为。

这种抽签方式早已盛行，当使用抽签这个方式来选举领导人的时候，许多没有知识的人就会登上领导人的宝座来迫害那些有知识的人。

苏格拉底曾三次参加城邦保卫战争，你绝不能说他不热爱雅典。所以，他痛恨的是让那些没有知识的人登上领导的席位的雅典的民主体制。他坚决主张，必须要让具备相关知识的人做相关的事情。这个道理，就像必须通过法律职业资格考试才能做法官，必须考取驾照才能开车一样天经地义。

正因如此，苏格拉底当年就立志要拯救这个被无知统治的城邦。讨厌民主，就是因为某些领导人没有知识，没有学问。

因此苏格拉底学习他母亲助产士的职业，帮助别人催促知识的降临，终身宣讲知识的重要性。

苏格拉底的堂弟格劳孔一心想做城邦的领导人，到处演讲，这本身并无不当，问题在于他不学无术、好高骛远。于是，苏格拉底决心阻止格劳孔的行为。但是他又不能直说，苏格拉底有他自己的一套教学方法。他先从欣赏堂弟的做法开始，然后慢慢引导堂弟认识到要想担当城邦领导，必须具备渊博浩瀚的知识。

在对话结尾，苏格拉底提出了对堂弟的希望，也是对所有雅典青年的希望："如果你真想在城邦获得盛名，并受到人们的赞扬，就应当努力学习，为了想要做的事情求得最广泛的知识。"

苏格拉底当时这种让有知识的人担任领导的思想，和雅典当时整个制度的基础，即抽签这种民主方式产生了严重的冲突，等于严重动摇了雅典政治的正当性基础。所以才会出现政府对他的三项指控。

如果苏格拉底用自己的口才赢得无罪判决，最后会带来什么样的结果呢？

如果他赢得这个官司，就是他所蔑视的雅典民主的胜利，因为这个体制并没有迫害这个城邦的英雄人物。所以他要不断挑衅陪审团，以死证明雅典民主是错误的，而无罪释放只会证明他反对的东西的正确性。

所以现在我们来反思第二个传统的观点。

苏格拉底饮下毒酒究竟是不是为了维护雅典法制的尊严？

苏格拉底并没有这个想法。恰恰相反，他正是要用死来揭露雅典法制的野蛮和无知。他根本不是为了遵守雅典的恶法，而恰恰是为了挑战这个恶法，让雅典难堪。

以言论自由闻名的雅典居然对一个只有言论而没有任何行为的哲学家起诉和处死，你能说雅典是有言论自由的地方吗？当然不能，这会是雅典将来永远的污点。

我们应该按照上面的方式来理解苏格拉底的死亡，才算对历史上第一次伟大的审判建立了一个可能更接近历史真实的认识。

而这，也正是斯东花费10年时间研读希腊文的经典原著所希望带给我们的一个认知上的颠覆。

临死之前，苏格拉底对学生克利托留下了对这个世界的最后一句嘱托："克利托，我们曾借过克雷皮乌斯一只公鸡，不要忘记付钱给他。"

你看，即便在临终之际，苏格拉底也不想欠这个世界任何东西。他欠这个世界的东西已经委托别人偿还，但是，这个世界欠他的误读和曲解呢？

02

偶然性平反：杨乃武与小白菜案反思录

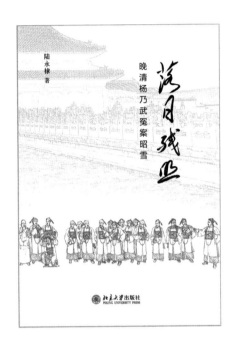

陆永棣:《落日残照：晚清杨乃武冤案昭雪》，北京大学出版社2018年版。

相信很多人都听说过晚清四大冤案，但具体是哪四大冤案，就不一定清楚了。这四大冤案分别是杨乃武与小白菜案、名伶杨月楼案、张汶祥刺马案和太原奇案。其中，杨乃武与小白菜案，因为很多影视作品的改编，可以说是家喻户晓。

　　这起案件，从案发到最后平反，历时整整3年零4个月又3天，最后惊动了慈禧太后，朝廷连续发布旨意，30多位官员被革职、充军或查办，浙江巡抚、浙江学政以及杭州知府一干官员100多位，革除顶戴花翎，永不叙用。这次冤案平反，听起来那叫一个解气啊。

　　但大家不知道想过没有，一起并不算复杂的普通刑事案件，死者就是一个豆腐作坊的伙计，按现在的理解，就算被发现是冤案，最多可能处罚几个主审法官就算了，怎么会牵扯这么多官员？而且在晚清这样一个政治并不算清明的时代，为什么独独这起案件能够惊动清朝最高权力，为了一介小民的身家性命而清洗官场？慈禧难道就不怕因为保护了被告人这一弱势群体，而得罪整个官僚集团？

问题还不止于此。众所周知，无论古今中外，再审程序的启动和冤案的平反，都是非常困难的事情，杨乃武和小白菜是怎样把晚清这一套冤案平反的机制启动起来的？而且，更重要的是，在冤案平反的整个过程之中，一直最努力的都是杨乃武的姐姐，但最应该喊冤而且最能够证明自己冤屈的小白菜，反而几乎没有任何反应，一直处于失语状态，即便遭到最为残酷的刑讯，烧红的铁丝刺穿她的乳房，也自始至终没有喊过一次"冤枉"，这是不是十分蹊跷？背后究竟有什么为我们所不知道的隐情？

先简单和各位说说案情。

关于这个案子，我选择浙江省高级人民法院陆永棣法官所写的《落日残照：晚清杨乃武冤案昭雪》这本书作为事实基础。

根据这本书的描述，案情大致是这样的。

话说余杭当地有一个貌美如花的年轻女子，叫毕秀姑，因为她喜欢穿上绿下白的服饰，所以人们也称她为"小白菜"。她自幼丧父，被许配给卖豆腐的葛品连。夫妻二人在余杭一个叫"澄清"的小巷子里租了一间楼房，而房东正是杨乃武。所以，杨乃武与小白菜二人等于住在同一栋楼里。有一个细节很有意思，他们居住的地方的名字叫"澄清"，非常具有讽刺意味，似乎从一开始就注定了两人要为澄清自己的冤屈而备受煎熬。

这个杨乃武可不是一般的百姓,他有个姐姐,自己结过三次婚,认识小白菜的时候刚刚考上浙江举人,也算是很有身份和社会地位的人。而正是这个举人身份,在后来冤案平反中起到了至关重要的作用。

说回小白菜,她的丈夫平时靠卖豆腐为生,所以,基本上都是早出晚归,经常不在家,小白菜有时就会去找杨乃武请教读书识字的问题。两个人也不避嫌疑,过于亲密,还经常一起吃饭,所以,周围邻居都觉得两人可能有不正当关系。

有一天,小白菜丈夫突然面色发青,呕吐不止,没过多久就死了。而且死后第二天晚上,尸体的口鼻竟然流出血水,所以,周围人很自然地就会认为是小白菜和杨乃武之间存在奸情,然后和杨乃武串通起来谋杀亲夫,于是请求官府前来验尸。按说究竟是中毒而死,还是因病而亡,通过验尸很容易真相大白。可是历史往往喜欢和人开玩笑,晚清一大冤案恰恰因为这次验尸而埋下了伏笔。

错误之一,先入为主。

按照当时的法律规定,州县官必须及时到被害现场或发现尸体处亲自验尸。如果州县官延误时机,妨害验尸,将会被处以杖刑六十的惩罚。余杭知县刘锡彤接到报案后正准备和仵作出门(仵作也就是我们今天常说的法医),遇到了一个叫陈竹山的秀才来衙门。提起这起案子,陈竹山就把坊间关于杨乃武和小白菜之间有奸情和他们谋杀小白菜丈夫的传闻又对知县添油加醋地叙说了一番。所以，在进行正式侦查之前，办案人员已经带有强烈的侦查偏见。

勘验现场之后发生的一切，在事后看来，更是让人唏嘘不已。怎么回事呢？仵作来到现场检验后发现，死者身上的特征和《洗冤集录》上记载的服砒霜而死的特征不太吻合，所以不敢妄下判断，但是用银针刺探死者喉部，银针呈青黑色，又似乎的确是砒霜之毒所致。仵作就想起他之前也检验过一个死尸，死者特征和这起案件非常类似，不过当时死者是自服生烟土致死，属于自杀。既然不能确定是砒霜致死还是生烟土致死，不能确定是他人投毒还是自己服毒，仵作就想模糊处理。所以，他就向知县禀告，死者是中毒身死，但死于砒霜还是死于生烟土，并没有明说。

错误之二，侦查前偏见导致的错误思维。

这个时候，跟着一起去的门丁插话了。这位非专业人士在知县面前唠唠叨叨，说不可能是生烟土，因为如果是生烟土的话，就是死者自己服用的，是自杀，就不是他杀了啊，我们来之前不是都听说是他杀了吗，所以肯定是砒霜。你看，这样带有偏见的侦查逻辑多么荒唐。但知县因为之前听到陈竹山秀才那段说辞，竟然认可了这个推理。

错误之三，鉴定过程存在严重的程序问题。

当时仵作在和门丁的争执当中，慌张之下竟然忘记按照

《洗冤集录》的要求,把试毒的银针用皂角水多次洗擦,换句话说就是鉴定过程存在严重的程序问题,导致最终结论不可靠。

错误之四,严刑逼供,隐匿证据,涂改案件材料。

死因一旦确定,后面的结果就可想而知了。小白菜肯定是第一嫌疑人,毒打之下,只能招供砒霜来源。知县既然成见在先,小白菜不交代,他当然就大刑伺候,史书记载,小白菜被烧红的铁丝刺乳,锡龙灌水浇背。小白菜当然熬不住了,于是就招供是杨乃武在十月初五这天给了她砒霜,但矛盾的是,杨乃武当天有事外出,根本不在余杭,而且能够提供充分的证据证明。所以,如果当时余杭知县能够重视这一重大疑点,后面的冤案本来完全可以不必发生。

但是因为杨乃武屡次顶撞知县,导致后者心里积怨气,非要置杨乃武于死地而后快。于是,知县呈奏朝廷革去杨乃武举人身份,压下了杨乃武所提供的一连串证人的证词,未将其收入卷宗上呈知府衙门。用现在的话说就是知县违反了控方所承担的客观公正义务,没有全面收集有利于和不利于被告人的证据。而且仵作对验尸时银针没有用皂角水擦洗的情节擅自改为已经擦洗,掩盖了鉴定程序的严重错误。

错误之五,连哄带骗,诱供证词。

大刑伺候之下,杨乃武被迫承认下毒,拿到口供之后,下一步就是查清砒霜的来源,重刑之下,杨乃武只能指认一家名叫"爱仁堂"的药铺的老板卖给了自己毒物。既然事实上杨乃武并未投毒杀人,这一指认当然也就不能成立,传唤到堂的药铺老板坚称自己从未卖过砒霜给杨乃武。按说,事情到这里也可以打住了,但是让人感到惊讶和震惊的是,面对相互矛盾的证据,主审官员刘锡彤竟然"诱使"药铺老板指证杨乃武,并威胁如果拒绝指认,则会定以包庇之罪。至此,刘锡彤顺利拿到了老板的证词,一条完美的证据链条形成了,一起铁案似乎就此定型。而杨乃武也被判处斩立决,小白菜则被判凌迟。眼看着一场冤案就要无可挽回。

就这样,一个因为严重的偏见而形成的侦查假设,在案件侦查办理过程中,不断出现证据漏洞,但办案人员出于掩饰自己办案错误的动机,不断隐匿无罪证据,擅自涂改案卷材料。最终人为制造了一起冤案。

错误之六,复核官员草率处理。

按说,这还只是初审判决,只要晚清司法系统的上一级机关能够严格把关,也不至于酿成最后的冤案。但是,事实情况如何呢?

按照当时规定,这个案件不能就这样执行死刑,必须上报浙江按察使司(相当于如今的高级人民法院)。而身为浙江按察使的蒯贺荪自己也是举人出身,他始终对杨乃武的行为不能理解,本来一个拥有无限前途的举人,竟然为了一个平民女子搭上自己的前途和性命,这多少显得有些不合常理,也难免让人生疑,但是疑问也仅仅是疑问,蒯贺荪也不想多事,只是把负责此案审讯的余杭知县刘锡彤找来简单询问了一番。这种审查最后当然就只能是走个过场，司法程序上设置的复查和把关程序，就这样人为地变成了一个摆设，卷宗里的所有疑点，仅仅因为刘锡彤的信誓旦旦就轻易地被忽视，随后，案卷被送至浙江巡抚衙门。

错误之七，"暗访"变明察。

巡抚衙门和按察使衙门不同，后者是专门负责刑事案件的机关，而前者则是掌管一省事务的综合性衙门，事务繁多，无论是处理刑事案件的专业能力还是精力，都显然是不够的。接到此案后，浙江巡抚杨昌浚立即委派了一名候补知县去案发地做了暗访。可明明是暗访，候补知县在余杭县的一切行动，却都由余杭知县刘锡彤负责安排，要知道，如果是他一手制造的冤案，又由他来安排上级的审查，其最后的结论可想而知。

果然，后来浙江巡抚就以当初所判原罪名，直接把案件上报给了朝廷。

在杨乃武姐姐多方营救和斡旋之下，此案最终引起朝廷高度关注。光绪二年十二月九日（公元1877年1月22日），刑部在北京海会寺公开开棺验尸，最后证明，死者葛品连为因病而死，并未中毒。杨乃武与小白菜冤案至此真相大白。

讲到这里，您是不是觉得案件已经非常简单？葛品连既然不是死于中毒，此案必为冤案，杨乃武与小白菜就肯定要被无罪释放，造成这起冤案的所有涉案官员都难辞其咎，一定要被追究相关的办案责任。这个逻辑是非常清楚的!

但事实又是如何呢?说出来您可能怎么也不会相信。

树欲静而风不止,新任四川总督丁宝桢在闻知验尸结果后勃然大怒,在赴任之前大闹刑部,认为葛品连已经死去三年,毒消骨白,检验结果不足为信,案件应当维持原判。左宗棠也在刑部结果公布后,将在此案中被朝廷免职、永不叙用的前浙江巡抚杨昌浚再度保奏出山,以示抗议。更有甚者,刑部尚书桑春荣甚至继续嘱咐相关人员研讯全案,让杨乃武和小白菜自认通奸,希望借由此罪除掉二人。

这到底是怎么回事?难道冤案不是应该马上平反的吗?为什么朝廷在开棺验尸,证明小白菜丈夫不是死于中毒,而是因病而亡以后,刑部仍然不给杨乃武和小白菜二人平反,而非要用通奸罪再给二人定个死罪?为什么一个豆腐店伙计死亡的普通刑事案件的处理结果,竟然让即将赶往四川就任总督的丁宝桢要为这个案子大闹刑部?为什么左宗棠也认为本案不宜平反,非要把被朝廷革职的浙江巡抚招入麾下,和慈禧唱对台戏?最后慈禧又为何会为了区区两个草民的性命,而不惜与庞大的官僚集团作对,连下13道谕旨,非要彻查此案,而且革职100多名朝廷官员,以至于江浙一带官场几乎清空?

讲到这里,网上有一篇文章的观点我觉得特别贴切。冤不冤是一回事,但我给不给你平反又是另一回事。冤不冤考虑的是真相,现在真相非常简单,已经明确了;但平不平反考虑的不仅仅是真相，还有民意、政治、社会和利益集团等其他法外因素。这一点，古往今来，概莫能外。我将这种非制度性的平反，称之为"偶然性平反"。

这中间冤案平反的种种利害，值得细细分析。

我们先来看第一个偶然因素，就是启动平反的证据条件。

我们可以将本案和大家都非常熟悉的窦娥案作一个对比。窦娥案之所以能启动再审，靠的并非新发现的证据，而是血染白绫、六月飞雪、三年大旱。你看，没有任何有关案件的实质性证据，启动再审靠的全都是异常情况、超自然证据。只有这些超自然证据，才能让法官相信她是冤枉的，进而启动再审。杨乃武与小白菜案也是如此，当事人没有任何证明自己无辜的实质性的新证据，只能靠杨乃武的姐姐滚钉板，才让人相信杨乃武确系冤枉。在启动冤案平反的证据困境上，古今同理。但是上面提到的这些都不是制度性的启动条件，而是偶发性的启动条件。这些案件不是靠发现新证据，而是通过申冤者这种折磨肉体的方式让裁判者产生内心确信，从而为蒙冤者启动平反。这样一来，再审启动的非制度性因素就会产生叠加效应。这一点在我们现在的刑事司法制度中还有所体现。比如，对于一些疑似冤案，苦于没有新证据，很难启动再审，有学者因此就提出，如果罪犯在服刑期间一直不断申诉，并为此而拒绝减刑，就应该对这类疑似冤案启动再审。其实，上面学者所说的都是这种启动再审程序的偶然性。这样一来，谁的案件能够平反就看有没有这些偶然打动裁判者的因素，而不是看有没有实质性的新证据。

第二个偶然因素，启动平反的主体。

窦娥案之所以能够平反，靠的不是一般的官僚，而是窦娥的生身父亲。当年窦娥的父亲是个穷秀才，上京赶考没有盘缠，于是将自己的女儿卖给他人做童养媳，卖了20两银子，借了高利贷40两，然后就去赶考。窦娥七岁被卖到别人家里，此后遇到了那样的人生遭遇，最后含冤被杀。碰巧这个时候窦娥的父亲窦天章已经是京城的高官，奉命到当地视察，晚上在灯下翻阅卷宗，突然发现一个叫窦娥的人被冤杀了，他就惊说："这不是当年我的女儿吗！"窦天章之所以一定要启动再审，严惩贪官，是因为对女儿一直心存歉疚。苏力教授在研究窦娥案文本的时候敏锐地观察到这一细节。为什么关汉卿在剧中要安排窦娥的父亲而不是一般官员来平反，一般人都不会注意，也不会思考。其实这里才是更深层次的悲剧。试想一下，如果不是窦娥的父亲担任司法官员，如果不是父亲对窦娥一直心存愧疚，这个案件会启动再审吗？所以，关汉卿设计这个细节，正是其作品真正伟大之处，比窦娥冤死更富悲剧意味的是，如果没有这样一个担任司法官员的亲属，被告人的平反也将石沉大海，毫无希望。杨乃武案的平反不也是如此吗？杨乃武靠的也是自己的姐姐。为了让别人相信自己的弟弟是冤枉的，她不但一直没有结婚，而且还在官员面前滚钉板，身上血肉模糊，以性命相搏。因为再审启动条件如此之高，在没有任何新证据证明自己的弟弟是无辜的情况下，她只能通过折磨自己的方式让别人相信。多么令人悲哀的再审启动条件啊！

第三个偶然因素，启动再审的社会资源。

杨乃武这个案件还有一个非常重要的思考维度，就是杨乃武、小白菜两人都是被冤枉的，但是整个案件过程当中，不断地喊冤、不断地努力去为自己平反的就只是杨乃武本人，小白菜几乎一直都没有申冤。这是为什么？为什么在整个申冤过程中，小白菜几乎处于失语状态？

我们可以分析一下，杨乃武的申冤理由只能集中在两点上：第一，他跟小白菜没有奸情，动机不成立；第二，他没有把砒霜交给小白菜，行为不成立。除了这两点，他不可能知道葛品连真正的死因，也不可能以此作为申冤的理由。但小白菜就不同了，究竟有没有下毒害死亲夫，她是最清楚的。

如果小白菜非常坚定地申冤，那一定会把这个案件逼到一个墙角，就是本案一定要鉴定死因。而杨乃武的申冤，恰恰达不到这个效果。但是，官员看到的情况却是，小白菜几乎自始至终都保持沉默，只有杨乃武一人坚持喊冤，这多多少少也会加强这些官员的内心确信，后来的案情自然也就不会朝着有利于这两个当事人的方向发展。所以，小白菜从来就没有提过要对死因进行重新检验，导致这个案件在平反过程当中，没有找到很好的平反理由。

所以我特别想写一篇文章，就叫"毕秀姑困局"，什么意思呢？在整个冤案的平反过程当中，杨乃武好歹是一个举人，有绅士身份，有很多层次很高的京城人脉，看一下杨乃武这边的平反队伍，有他的老婆、他的姐姐、他的堂兄弟、干兄弟、同学、富商、浙江籍的军官、同门的举人，还有位高权重的翰林院两帝师长翁同龢，有红顶商人胡雪岩，有租界《申报》，甚至慈禧也站在他这边，杨乃武的申冤队伍真是蔚为壮观。但是反观小白菜呢？有一首歌叫《小白菜，泪汪汪》，唱小白菜"从小没了爹和娘"，她没有丈夫，没有兄弟姐妹，只有一个婆婆，而婆婆恰恰是指控她杀人的仇人。到最后，即使被平反，偌大一个中国，小白菜也没有地方可以去，只能在尼姑庵出家。所以，毕秀姑才是这个冤案当中最可怜的人物。那众多冤案平反的过程当中，我们可以想一想，有多少当事人是毕秀姑，又有多少当事人是杨乃武？

正是因为这种社会资源上的困局，导致毕秀姑不论受到多大冤屈，都只能打掉了牙往肚里咽，唯一的一次喊冤，她还被烧红的铁丝刺穿了双乳，也许正是看透了这一层资源的困局，她才最后选择了沉默，不再喊冤。平反过程当中所需要的身份资源，毕秀姑一个都没有，她的困局靠什么才能突围呢？

可以说，毕秀姑完全是因为搭上了杨乃武平反的列车而被顺带平反的！设想一下，如果杨乃武不是举人，而是一介平民，最后的命运又会如何？

02 | 偶然性平反：杨乃武与小白菜案反思录

第四个偶然因素，朝廷内部的政治斗争。

杨乃武为什么能够被平反？因为杨乃武是举人，在平反的第二个阶段，他跟自己的姐姐说不要去滚钢钉了，让她到北京去找他的那些浙江的同门，和他同一期上京考取举人的三个人，能够牵动江浙京官集团，请他们联合上书，找翁同龢进言，直接面达中央，启动一场政治力量的博弈，才能够救他。

此话怎讲？因为清朝在镇压太平天国的过程中，地方督抚逐渐获得了独立的财政军事等权力，对中央产生了极大的威胁。为了军事镇压的方便，中央把死刑裁决权下放给地方，太平天国运动开始两年后，中央就允许地方就地正法。我们在教科书里学的都是三法司会审、秋审、皇帝勾决，教科书都没有提到这个就地正法的制度，实际上，死刑裁决权已经下放了。这必然会产生滥杀，而且不能申诉也无从申诉。曾国藩自己都知道错杀的人非常多，但当时即便杀错了，接到申诉也不准备翻案平反。

所以，慈禧一直想找机会把这个权力收回来，也想找个借口清洗江浙官场，因为当时江浙一带地方官员在曾国藩麾下，江浙一带属湘军的势力范围。慈禧想要换人，而正好杨乃武案这个时候出现，给了她绝佳的机会。这是千载难逢的一个突破口，所以，慈禧连下13道谕旨。即便杨乃武案不是真冤案，朝廷可能都要把它平反过来，只有这样才能借机打击江浙湘军的势力。难怪左宗棠和丁宝桢等地方大员会如此保护那些办了错案的官员。这背后其实是一场激烈的政治斗争。而且,这样做的另一个好处是,朝廷为杨乃武平反,可以鼓励江浙文人,不至于让这一帮致力于科举道路、可以为官僚集团提供人才储备的读书人寒心。

第五个因素,治外法权下的新闻自由。

杨乃武得以顺利平反,还有一份报纸——《申报》起到了非常关键的作用。《申报》是租界的一份报纸,有治外法权的保护,因而有条件全面报道这起案件,影响舆论走向,最终帮助该案获得平反。但是,普通百姓的冤案的平反,谁能撬动这样一份稀缺资源呢?

你看,如果冤案的平反主要依靠的不是制度性的因素,而是这些偶发因素,个案的平反意义就十分有限。有人写了篇文章——《清末偏心的司法救济系统》,讲的就是这种冤案平反的偶然性。当然,清朝的司法制度和实行依法治国的当下的司法制度已经完全不可同日而语,思考冤案平反中的偶然性因素和制度性因素的比例关系,让平反的偶发因素变得更少一点,制度性的因素变得更多一些,这才是我们今天反思杨乃武与小白菜案的意义所在。

03 野蛮的神判法?

〔英〕罗伯特·巴特莱特:《中世纪神判》,徐昕、喻中胜、徐昀译,浙江人民出版社2007年版。

讲到神示证据制度（或称神判制度），大家一定会想到中国最早的法官皋陶和与他形影不离的那只独角神兽獬豸。

獬豸是中国法最早的象征和图腾。皋陶每一次判案，难以决断是非之时，都要依靠獬豸运用特异功能——"触不直者去之"，只要它的角抵了谁，那么皋陶就判谁败诉。中国的法官往往都需要一个助手，早期的助手是神兽，后来变成师爷，再后来变成法官助理。

但是，这能否作为中国存在神示证据制度的证据呢？

不能，有学者认为，这最多只能表明中国古代存在神明裁判这样一种现象，但却并没有形成神示证据制度。但在西方，神判法却是一个正式的证据制度类型。大家感兴趣可以去看看浙江人民出版社出版的罗伯特·巴特莱特所写的《中世纪神判》这本书。

提起神判法，我们的印象肯定是冷水审、火审还有热铁审。

以热铁审为例，当时的人们认为，上帝可以判断罪行是否存在并通过神示的方式告知于裁判者。所以，牧师会在一块烧红的铁块上撒上圣水，然后让被告人手持这块热铁走过一段距离，再把被告人的手包扎和密封起来，三天后如果被告人手部溃烂，则会被判有罪，如果其手部完好无损，则其会被证明清白。

这种热铁审是当时非常流行的一种证明方法。

还有一种证明方法叫做冷水审。

所谓冷水审，就是把当事人的膝盖绑起来，然后用一根绳子系在他的腰部，慢慢地将他放在水中，根据他头发的长度在绳子上打一个结，如果他的身体沉入水中的深度足以使那个绳结没入水中，就证明他是清白的；否则他就是有罪的。因为当时的信仰认为，水神会来保护说真话的人，而不会容纳那些作伪证的人。但是冷水审是否存在，其实历史上并没有记录。人们是后来通过禁止冷水审的法律才间接推定曾经存在过这样一种神判制度。

通过上述两个例子，你可能产生一个疑问：当事人拿了热铁以后如果手没有被烫伤，就是清白无辜的；被烫伤了，就是有罪的。但问题是，手握热铁，又怎么可能不被烫伤呢？为什么不反过来规定，被烫伤者是无辜的，没被烫伤者反而是有罪的呢？

可见，当时的神明裁判制度存在一个有罪推定的潜在判断。只要案件被法官决定使用热铁审的裁判方式裁决，几乎所有被告人都一定会被定罪。所以当时的有罪判决率可以说是百分之百。因为没有人可以握着热铁而不受任何伤害。所以你会发现，是否启动这一裁判方式，几乎就已经可以决定诉讼结果了。

所以我们很容易得出一个结论：神判法是野蛮的、落后的。

但是，事实真的如此吗？任何一种制度能够出现并且长期存在，一定有它的合理性，它一定发挥了特定的时代功能。我们对神判法的定性是不是站在现代人的角度对古人的苛求呢？

我们可以对这个问题进行深入分析。

第一，神明裁判并不是诉讼证明的唯一手段，而只是最后的救济手段。

有人认为，当时整个欧洲大陆实行的全是神判制度，而没有其他的证明方法，其实这是一个非常大的误解。《中世纪神判》这本书根据很多历史资料，得出了一个非常重要的研究结论：当时的神明裁判并非主流的裁判方式，相反，仅仅在某些规定明确的情况下，仅仅针对特定罪犯，才能使用神明裁判。换句话说，只有在无法获得其他发现真相的方法时才能采用。

12世纪的英格兰法规定，只有当待证事实无法以其他方式探知的时候，才可以采用热铁审判。1230年的《萨克森明镜》也规定，神判应是最后的证明手段。《萨利克法典》中提到神判和提到证人的比例为1∶6，可见当时证人出庭这种现象是更为普遍的，而神判应用的范围是非常小的。

因此神明裁判并非当时唯一的审判方式，而是一种最后的救济手段。

当时还有一种证明方法叫神誓法（或宣誓法）。什么意思呢？就是靠宣誓来证明案情。当时由于没有办法发现很多实物证据，加之民众文化水平普遍不高，文盲居多，法官也不可能取得更多的书面证词、书面协议，因此大量案件的裁判都是靠口头证词。宣誓法就成为当时流行的一种证明方法。中世纪的欧洲大陆特别尊重程序，程序的一点点瑕疵都会导致败诉的实体结果，而只要在宣誓过程当中使用适当的方式，宣誓过的证言就具有特别的可信性。

但是，人们后来发现如果案件涉及的是一种严重的罪行，那么当事人的誓言的证明力就不够大。因此又有了另外一个制度叫"共誓涤罪"或者叫"辅助宣誓"。什么叫"共誓涤罪"呢？"共"就是"共同"的"共"，"誓"就是"誓言"的"誓"，"涤"就是"洗涤"的"涤"，"罪"就是"罪行"的"罪"。不仅当事人要宣誓，其他人还要帮助他宣誓，这些人被称为"宣誓帮手"。当事人找到的宣誓帮手越多，其证言的可信性就越大。所以大家看，尽管在早期的神示证据制度时期，后面所谓的证明方法并没有形成，但是实际上"辅助宣誓"制度已经有了日后证据补强规则的雏形。一个不可信的证据要由其他更多的证据来补强它的证明力。案件性质越严重，法律所要求的宣誓帮手的数量也就越多。

相比于热铁审而言，宣誓法对宣誓人可能更为有利。毕竟，即便宣誓人撒谎，上帝也不会真的能立即对其施加惩罚，宣誓人很容易蒙混过关，其证言也很容易被推定为真实。但是热铁审就完全不同，只要决定启动热铁审程序，被告人几乎就肯定难逃被定罪的命运。由此可见，法庭决定让当事人宣誓还是接受热铁审，实际上就决定了一起案件的审判结果。所以，这两种裁判方法其实已经掺和了人的意愿和判断。如果法庭怀疑某人说谎，就会要求他接受热铁审，而不是要求他宣誓，背后其实是基于一种错误分配的原理，如果允许被告人选择宣誓，则审判结果有利于被告人的概率就会更大，而如果让被告人选择热铁审，则不利于被告人的概率就会更大。

所以你会发现，热铁审的考验往往会被用于那些平时名声就不太好的被告人，因为这些人更有可能犯罪。

分析到这里，我们很难说神判制度是落后的和野蛮的，至少，它也是在当时人们的认识水平之下的一种精细化的制度设计，并蕴含着深刻的制度原理和特定的价值取向。

第二，神明裁判从单向审判过渡到双向审判，更显公平。

最早的神明裁判都是一个单向的审判，也就是让被告人自己单方面采取某些行动，如跳进冷水或手握热铁，来证明自己的清白。

但是，后来人们发现，原被告双方都应该接受裁判，因此产生了一种双向证明方法，就是双方都要接受神明裁判。例如西方神判中非常流行的"十字架审判"。什么叫"十字架审判"呢？就是双方都在法官面前伸出双手做成十字架的形状站立不动，看谁能坚持到最后，如果有一方支持不住，双手下垂，则法官判其败诉。这样的话，双向审判相对而言就显得公平多了。从单向审判到双向审判，这是神判制度的一种演进。

还有一种制度就是司法决斗制。决斗很有意思，它使神明裁判制度从一种非常不确定的裁判结果发展出法律面前人人平等的理念。

人人平等最早的形态就是体力面前人人平等。接受决斗的双方通过决斗决定诉讼的结局，除此之外，诉讼结果不取决于任何案外因素。

但是，这一制度也有问题。比如，男女之间、老人和青壮年之间体力存在天然差异，这一状况又会产生某种实质上的不对等。为了弥补这一缺陷，当时的决斗制度还作了一些调整。比如在地上挖一个坑，用锁链把身强体壮的一方锁在里面，使其活动范围受限，而且身强体壮的一方只能使用短兵器，而那些体力较弱的对手，比如女人或老人，则可以使用长兵器，在坑外和其决斗。在这样一种制度设计之下，当事人双方就实现了所谓的武装平等，这也是控辩平等理念的起源。在民事案件中，当事人甚至不必自己决斗，而是可以雇用职业剑手去决斗。所以，打官司的"打"字非常形象，似乎看到了诉讼制度发展早期司法决斗制度的影子。

站在历史的语境下去看待这些似乎落后的制度，我们不得不说，这其实体现了当时人们对于司法公平的一种阶段性的追求。

第三，神明裁判制度吸收了当时的理性因素。

有人说神判制度是非常不合理的，它完全是非理性的。但是当时的人却不这样想，他们认为这一制度中是有理性因素的。比如"面包奶酪审"。法庭要求当事人在固定时间里吞下大量面包和奶酪。如果当事人吞咽没有任何困难，则被证明是无辜的，反之，则被证明有罪。这种证明方式在当时的认识水平下被认为是合理的，因为有罪者在心理压力的作用之下，会产生唾液分泌减少的现象，于是就感到口干舌燥，面包和奶酪也就难以下咽。所以，神明裁判制度在当时人们的认识水平之下，成为一种非常流行的审理方式。所以，整个神判制度在演进过程中会不停地吸收当时的社会认知，不会一直停留在最初的热铁审阶段，因此，我们不能从固有的印象出发，一味地认为神判制度是野蛮和落后的。有些制度的背后甚至是当时人们所认为的"科学原理"。

提起神明裁判，很多人会认为它可能存在于非常古老的时代，但实际上并非如此。神明裁判的全盛时期是在历史上非常有名的加洛林王朝，直到公元八百年左右，中国早已进入唐宋时期，欧洲大陆不但仍在实行神判制度，甚至还迎来了其全盛时期。公元809年，查理曼大帝下令让所有的臣民用毋庸置疑的信仰来接受神判制度，以王室命令的形式推行神判。

随着11、12世纪的社会变革，整个欧洲理性化的发展、科学技术的进步和人类世俗理性的发展以及对上帝的理性质疑等这些外部条件的变化，整个欧洲大陆才在13世纪开始全面废除神判制度。

分析到这里,你还认为神明裁判是野蛮的吗?

当我们用任何一个形容词去形容历史上存在的某个现象的时候,其实都蕴藏着某种巨大的危险,因为你一旦使用形容词,就意味着你在掩盖真实的因果关系。你一旦使用了"野蛮"或"落后"这些形容词,就说明你已经站在现代人的角度去评价古人,而没有站在当时人的角度去理解当时条件约束之下的历史语境的合理性。而且,使用形容词的历史观还经常被道德史观绑架,比如形容包拯刚正不阿、傅作义深明大义,这些观点其实都是把他们当成了神而非一个正常的人,忽视了他们作出决策的约束条件。

同样的道理,我们只有站在历史的角度,以语境论的方法加以审视,才会接受,后来的法定证据制度其实也是神明裁判制度的一种历史性进步,而不应以现在为基点评价为野蛮和落后。因为法定证据制度终于不再依靠神明的指示,而是开始重视实质性的证据,并根据对证据证明力的经验性总结裁断案件,这其实是一种历史的进步。

所以说,"落后的"神明裁判其实并不落后,是我们后人用形容词掩盖了真实因果关系的结论。

04 言论自由的讽刺

〔美〕欧文·M.费斯:《言论自由的反讽》,刘擎、殷莹译,新星出版社2005年版。

每一位学过法律的人都能够说出很多被奉为金科玉律的信条，比如谁主张谁举证、法无明文规定不为罪、法无禁止即自由等。这些理论到底正不正确？当然正确。但问题是，任何理论都有自己适用的语境，我们在接受一个结论的时候，一定要同时还原出它的有效边界。否则，我们就会成为一种理念的奴隶，沦入另一种意识形态。

今天我们就来聊一聊"国家不得剥夺言论自由"这个命题。

众所周知，政府不得以任何形式剥夺或者限制公民的言论自由，只有这样才能保障一个国家的思想自由和文化繁荣，这几乎已经成为法学和政治学领域的基本共识。这个命题背后的道理如此简单明了，以至于很可能让我们的思维陷入一种惰性，因而不肯去深思背后可能隐藏的逻辑问题。

很多人都看过林达写的书，比如《历史深处的忧虑：近距离看美国》《扫起落叶好过冬》《带一本书去巴黎》《总统是靠不住的：近距离看美国之二》等。但大家可能不知道，林达其实不是一个人，而是一对美籍华人作家夫妇合用的笔名，丈夫是丁鸿富，妻子是李晓琳。

《历史深处的忧虑：近距离看美国》这本书里记载了这样一则故事。有一个周末，林达夫妇去市中心过人权节，他们居住的城市有很多节日，最常见的节日庆祝形式就是通过小吃摊招揽顾客。人权节也大同小异，但都是一些非营利组织（有少数族裔组织、妇女团体、民兵组织、共产党、环境保护组织、宠物保护组织等）设置的摊点，很多观点不同甚至势不两立的组织在这一天都设置了各自的展位，通过向行人发送资料、发表演讲，传播自己组织的立场和观点，彼此之间和平竞争、相安无事。看到这一幕，林达夫妇就非常感叹，人权节的言论摊和其他节日里摆的小吃摊其实非常类似，如果小吃摊反映的是商品市场的话，言论摊是不是反映了一种叫作思想市场的东西呢？

早在1974年，诺贝尔奖得主科斯就发表了一篇文章——《商品市场与思想市场》，深入探讨了这一问题。他认为，报纸、电台、专栏作家在向社会兜售观念和思想的时候，其实也都和出售商品一样，希望扩大自己的市场份额，以影响更多的人。所以，这两个市场其实有很多类似之处。那么，接下来的问题是，思想市场是不是也遵循了商品市场的一些规律，能不能用市场经济的规律来分析思想市场的特征呢？

事实上正好相反。

很多学者都认为，商品市场和思想市场怎么能一样呢？它们本质上就是不同的，商品市场一定要管制，但思想市场却恰恰相反，政府管制是不合适的。

写于1644年的弥尔顿的《论出版自由》，比亚当·斯密的《国富论》还要早132年，但是，这本小册子已经对思想市场和商品市场作了非常精彩的区分。科斯在《商品市场与思想市场》一文中转述和评论道：

> 弥尔顿坚持思想市场至高无上："给我知的自由、说的自由、凭良心坦率争论的自由，这是高于一切的自由。"它不同于商品市场，不应该像对待商品市场那样来对待它："因为真理和智慧不像那些可用票证、法规和标准进行垄断和交易的物品。我们不能想象将地球上的所有知识做成标准商品，像毛织品和羊毛打包布那样做上标记，发放许可证。"

你看，弥尔顿就认为思想市场和商品市场是不同的，是不能由政府进行干预的。但问题是，同一个人，怎么对两个市场采取了截然不同的态度呢？

这导致我们至少会产生三个困惑：

第一，在商品市场里十分有益的政府干预，怎么一到思想市场就突然变成了有害的呢？

第二，那些强烈要求政府在其他市场扩展管制范围的人，通常正是最为迫切地反对思想管制的人，他们是同一拨人。他们说话怎么总是自相矛盾呢？一会儿说"从来就没有救世主"，一会儿又说"谁为我们安排下幸福的生活"？

第三，按科斯的说法，更荒诞的事情是：一份商业广告被看作是商品市场的一部分，因此，政府完全可以对其内容和表述方式进行管制，但是，如果同样的观点和内容出现在一本书或者一篇文章里，就属于思想市场的范围，政府管制就变得不合适了。你看，观点本身不重要了，关键看你在哪里表达，不同的表达场合会产生不同的命运。

为什么会产生这样的悖论？

科斯认为，这是因为"垂直利益"的影响。

什么是"垂直利益"？它就是夸大自己职业重要性而缩小别人言论重要性的倾向。

你看，古今中外，呼吁言论自由和出版自由的基本上都是知识分子，因为这两个自由事关自己的行业利益，他们当然认为这个领域不需要管制。

正是这种"垂直利益"，决定了同一个人对不同市场的不同态度。

思想市场是知识分子从事经营的市场。自尊使得知识分子会夸大他自己所在市场的重要性，自利又使他们认为别人应该受到管制。但是，自利和自尊的混合，就导致了知识分子对两个市场中的政府职能的矛盾观点。

其实，再往深了说，你会发现，有的时候即便是这些呼吁言论自由的人，也并不总是会一直呼吁言论自由的。

随便举几个例子。

新闻界一直强调不应该强迫新闻界披露信息来源，理论基础是公众有权知道信息的内容，但无权知道信息的来源。新闻界在这个地方就自相矛盾了。

再比如，广播管制。众所周知，广播在20世纪初是公众非常重要的信息来源，当然属于言论自由的保护范围。但同时，广播电台的节目内容仍然要受到政府的管制。按照我们通常的理解，这种管制行为一定会遭到捍卫言论自由的新闻界的奋起反击，但情况恰好相反，新闻界对此现象几乎集体失语，几乎没有作出任何为广播电台争取如同报纸一样新闻自由的努力。

这一点在英国体现得尤为明显。英国新闻界甚至公然支持这种对广播的管制和垄断政策。新闻报道的多元化趋势必然会带来广告收入的激烈竞争，因此，作为新闻信息的提供者，传统的报纸媒体视广播公司为重要竞争对手，不但没有帮助广播电台争取与自己类似的新闻自由，反而尽最大努力钳制后者的发展，就连著名的英国广播公司（BBC）也难以摆脱这一命运。当时英国政府对BBC有很多限制措施，比如，广播公司不得从指定新闻机构之外获得新闻和信息，晚上7点之前不能播报新闻等。尽管随着时间的推移，这类限制逐渐放松，但是，直到

"二战"爆发以后，BBC才能在晚上6点以前播送定点新闻报道。

你看，知识分子关于捍卫言论自由的说法是多么虚伪，思想背后往往都能够还原为利益。从这个层面去追根溯源，我们往往能够得到一些新颖的发现，避免掉入一些理念的陷阱，成为意识形态的奴隶。

注意，不要以为只有某种主义才可能成为意识形态，任何不加反思的理论，包括先进的法治理念都可能成为意识形态。这里我要强调的不是谁的结论更正确，而是强调我们无论面对什么理论和观念，都要经过自己独立的思考。

那接下来还有个问题。在思想市场里，政府对言论的管制真的就是有害的吗？

至少我不这样认为。

举一个简单的例子，我一直不认为言论自由天然需要保护。直接的逻辑是：如果言论不能促进思想的繁荣，就没有保护的价值，比如仇恨言论。所以，言论自由的本质是思想自由，但首先得是个思想。

我们一定要在言论集市和思想市场之间作一个区分和比较，意识到真正需要保护的，其实是后者。

比如，前一段时间讨论得很激烈的宁波动物园老虎吃人事件，我们到底是挺虎还是挺人？我觉得两种立场都可以存在。经过严肃论证的言论在思想市场上充分竞争，并最终为社会凝聚底线共识，这是言论自由最重要的价值所在。而如果一些言论仅仅是仇恨情绪的宣泄，根本无法与其他言论形成合力，并凝聚成有价值的共识的话，最终只会加剧社会的撕裂。你可以去任何一个国家看看，看它们会不会保护这种仇恨言论。

不要机械地、意识形态化地理解要保护言论自由这样一个论断。多元化有两个可能的发展方向：一是言论多元化后通过协商形成底线共识（比如通过这件事探讨如何强化整个社会的规则意识，这对当下社会尤其重要）；二是言论多元化后导致社会撕裂。但是，如果没有一种机制帮助我们形成共识，则言论多元化的结果更可能是后者而非前者，因而福祸难料。

所以，不是所有言论自由都是值得保护的。我们不要在反对一种观念时，陷入对另一种观念的非理性膜拜。

接下来，你可能会问：假设某种言论构成一种思想，这个时候政府总不应该加以干预和管制了吧？我看也未必。

这里推荐一本书，欧文·费斯所写的《言论自由的反讽》。里面有一个非常精彩的观点。他说，美国的宪法第一修正案具有"近乎专横的简洁性"。换言之，第一修正案因为太简单，所以容易出问题。

美国的宪法已经阉割了政府任何干涉言论自由的机会。

但是，你知道吗，美国联邦最高法院作出有利于言论自由的判决多集中于20世纪60年代，而这正是美国民权运动兴起的时期，公民言论自由的潜在危害对象多为国家。

但随着民权运动时代的必然逝去，批评政府的言论已经逐渐被族群互相批评的仇恨言论取代。比如对于淫秽出版物的不满已经不是出于政府净化社会风尚的考虑，而是来自妇女团体的抗议。如果政府在争辩主体已经演变为公民和公民、组织和组织之间的时候仍然袖手旁观、不予干预的话，那些拥有较多社会资源的散播仇恨言论、传播淫秽物品等的人，将会一方面享受充分的言论自由，而另一方面又在侵害那些拥有较少社会资源的对象的自由，让他们在公共讨论中更加沉默，声音更加无法被听到。那这种对一些人言论自由的保护，岂不是变成了对另一些人言论自由的侵犯？正是在这一全新前提下，国家有了压制部分言论的理由，而这种理由并不与第一修正案相悖。相反，它的出发点正是维护一些人的言论自由的权利，使他们的声音能够被听到。

当我们再度凝视美国宪法第一修正案时，我们会发现其背后隐藏的先入为主的概念，即国家天生就是（言论）自由的敌人。正因如此，修正案才以剥夺国家立法权的形式对国家进行了最严格的制约。而正是这种在第一修正案背后隐秘的逻辑导致了人们对宪法绝对主义的解读，美国的法院也屡屡在此精神的指导下完成了对于言论自由的绝对维护，甚至不惜姑息明显的种族主义及猥亵言论。

对仇恨言论、淫秽物品这些情况而言，使辩论的天平发生倾斜的不是政府可能的管制，而是来自某些言论主体的"天然"的强势,此时国家的管制恰恰是为了维护辩论的平衡,也就是维护另一些人的言论自由,拒绝上面所说的言论的"沉寂化"效应。因此,国家在此刻成了自由的朋友。

国家一旦变成了管制者的角色,就应该遵循第一修正案的要求,不可随意干涉公民的言论自由。但在"分配者"的角色中,国家却陷入了某种困境,它在分配资源的过程中不可避免地侵入了言论自由的领地,并且在资源总体有限的情况下必然会导致被资助者获取资源的不均,进而导致言论表达机会的差异,使得不同的群体在公共论坛上的声音出现严重不均衡的状态,而此时扮演分配者角色的国家,如果仍然坚持不干预言论市场的传统立场,反而会违背宪法言论自由保护条款的真正目的。

美国宪法第一修正案保护言论自由的立法,针对的究竟是任何情况下的国家,还是仅仅针对扮演管制者角色的国家?

保护言论自由的理论产生于特定的历史时代,那个时代的假想敌就是国家。但是,我们在若干年后再捡起这些法治理念的时候,应该想起理论产生的经验背景。理论一旦具有了历史性,就必然有局限性,而理论一旦有了局限性,就不再具有意识形态性。

法治理念,也可能成为另一种意识形态。学习法制史,还原理论的经验背景,对于我们的独立思考至关重要。

05 政府真的越小越好吗？

〔美〕史蒂芬·霍尔姆斯、〔美〕凯斯·R.桑斯坦:《权利的成本:为什么自由依赖于税》,毕竞悦译,北京大学出版社2011年版。

你觉得中国需要一个大政府,还是小政府?

我想,很多法学院的学生都会脱口而出"小政府"。

我们的法学教育一直以来都是自由主义的天下,简单点说,就是主张个人权利至高无上,国家权力越小越好。这话似乎没错。亚当·斯密之所以能在历史上留名,就是提出了"看不见的手"的理论,主张把一切交给市场决定,政府不要大包大揽。他讲得也就是这层意思。

但是,政府真的越小越好吗?

在讲这个话题之前,咱们需要统一认识:任何结论都不是放之四海而皆准的。任何结论都需要经过我们理性的思考之后才能被接受。且这种思考不是在结论层面直接质疑,不是简单地怀疑一切结论,而是要去思考这个结论适用的前提和边界。

举个例子,马克思提出的剩余价值理论。简单点说,就是资本主义之所以罪恶,就是因为资本家剥削了工人的剩余价值,他们才能够不劳而获。因此这是一个不公平的人剥削人的制度，应该加以推翻。

这个结论对不对？当然对。但任何理论都有适用的边界，这个理论的前提和边界在哪里呢？

先分享一个小故事：

一次会议上，一位学者鼓吹工人也应该对企业拥有股份，有人现场就问他，如果企业亏损了，工人拿钱出来补贴吗？这位学者就傻眼了。

你看，资本家之所以能够剥削工人的剩余价值，那是因为工人有剩余价值，而工人之所以有剩余价值，又有一个隐含的前提：资本家每办一家企业，一定是盈利的。只有有利润，工人才有剩余价值！但反过来想，万一资本家、企业是亏损的呢？资本家、企业没有盈利，反而是亏损，那工人的剩余价值又在哪里呢？可见，这个理论没有考虑到企业亏损的情况。

你看，这就叫给理论寻找前提，一旦你找到了，你就不会被理论牵着鼻子走了，甚至可能发现一些新的思想。有学者循着上面的思路甚至提出了"剩余亏损"的思想，对《资本论》作了一个重要的补充和发展。

有了这个方法论层面的共识，接下来我们就可以正式谈谈政府是否真的越小越好这个话题了。

英国有一个著名的哲学家叫以赛亚·伯林，他概括积极自由是有权做什么，消极自由是别来干涉我。我们可以结合这两句话来思考这个问题，我们所讨论的"政府越小越好"，政府应当减少干预，究竟针对的是哪种自由呢？

法学教授之所以强调政府越小越好，因为他们面对和思考的往往是消极自由。

举个例子，每个公民都有免于被非法搜查的权利，意思就是政府不要非法搜查，这就是典型的消极自由对应的政府最小化。再比如说，"非经法院批准不得任意搜查逮捕"，也对应了公权力行为的最小化。所以说，消极自由更能体现政府应当越小越好的理念。

综观美国宪法权利法案，规定的几乎都是公民的消极自由，根据这些法案发展起来的宪法理论，自然要求政府越小越好。比如第二修正案规定："人民持有和携带武器的权利不得侵犯。"第四修正案规定："人民的人身、住宅、文件和财产不受无理搜查和扣押的权利不得侵犯。"第五修正案规定："任何人不得因同一犯罪行为而两次被置于生命或身体的危害中。不得在任何刑事案件中被迫自证其罪。""未经法律的正当程序，任何人的生命、自由、财产不受剥夺。非经公平赔偿，私有财产不得征为公用。"

但是，对于那些积极自由，这个结论还成立吗？

比如，"每个公民都有工作的权利"，这就是积极自由，似乎政府就不能克制自己的权力，忽略自己的存在了；相反，政府反而必须要积极作为，而且要管得越多越好，要积极为人民创造各种就业机会和岗位。这样一分析，这个理论的适用前提就立马清晰了。

但是，我们要追问的是，消极自由真的不需要政府积极作为吗？

给大家推荐一本书，《权利的成本：为什么自由依赖于税》，可以帮助你思考这个问题，作者一个是史蒂芬·霍尔姆斯，另一个则是与波斯纳齐名的凯斯·桑斯坦。

这本书认为，这个世界根本就不存在所谓的消极自由，所有的权利都是积极自由，所有的自由都需要政府积极主动地干预。

无论哪一项权利，都不是仅仅依靠政府克制就能自动实现的。如果真的像我们有些教授说的，权利的保障就是依靠国家权力的克制，那政府最应该做的就是关门或者瘫痪。但我们又经常说，权利的本质在于救济！找谁救济？当然还是公权力。你不能一方面希望政府越小越好，一方面在救济的时候又希望政府能够积极作为，这两种期待本质上是矛盾的。

因此，不同于其他自由主义者，这本书的作者呼唤一个更为强大的政府，明确指出所有的自由都需要政府积极主动干预。

所以，我们一定要看到问题的更细微的地方，即"权利往往导致权力和权力的对决"。比如，自由的权利的确需要县政府克制自己的权力，如果县政府克制不住，就得让省政府出面来制约县政府。

由此，孟德斯鸠的"只有当权力控制权力时，自由才能得以保护"这句话就好理解了。这一点在美国体现得其实特别明显，美国宪法中很多有关权利的法案其实都是针对州政府滥用权力的，比如1961年确立非法证据排除规则为联邦宪法原则的马普诉俄亥俄州（Mapp V. Ohio）案就是针对州政府的，很多宪法判例也都是诉州政府，结果上诉到联邦最高法院，由联邦给州政府一个教训。所以，当我们说个人自由需要州政府缩小权力的时候，别忘了，这其实同时也在呼唤更高的权力（联邦政府）和更独立的权力（法院）随时介入和监督。所以说二元对立是要不得的。有时候你引入第三个元素，看待问题的视角就会发生一个新的转变。

你以为个人的自由就是通过政府不断缩小实现的？不是，它需要更高一级的政府拥有更大的权威，需要司法机关拥有更大的权威才能真正实现。所以，孟德斯鸠才说"只有当权力控制权力时，自由才能得以保护"。孟德斯鸠可没有说，只有当权力消失不见的时候，自由才能得到保障。政府真的不是在任何时候都是越小越好的。

有人可能会问：老师，您刚才说的都是宪法权利，说白了，就是针对政府的公权力，那如果是私法领域的权利，难道也需要政府的强大才可以保障吗？是的，私法领域更需要一个强大的政府。财产权是典型的私法权利，但如果政府弱小到没法维护社会治安了，又谈何保护你的财产权呢？《权利的成本：为什么自由依赖于税》一书作者就认为，在私法中，权利持有人不需要政府克制，反而需要政府强有力地执行。想象一下，当你的住宅和财产受到侵犯的时候，你去司法机关控告，如果你请求的是一个极为克制的政府，你会不会想控告公权力的不作为？所以说其实你在内心，呼唤的是一个积极干预的政府。

1997年美国纳税人之所以会花费2亿美元用于财产管理和登记事务，就是因为国家权力弱、财政汲取能力低，国家难以保护好个人的权益。那国家为什么要花这么多钱保护你？因为只有每个人都觉得自己的财产能在美国得到真正的保障，人们才会把钱留在美国，才会生产更多的钱，国家才会有长远的利益，人们也才会投入眼前的成本去投资、去生产。所以你看，确认财产权是免费的，可是执行财产权却是昂贵的。我们总在说权利的本质就是对抗权力，就是让政府克制，但是一旦当我们讨论的是司法权力的时候，这个观念似乎就站不住脚了。

我们总喜欢站在自由主义立场上，只要一提到权利，就会不自觉假想敌人就是国家。这都是自由主义长期以来对我们法律人的头脑和思维模式的占领，即便那不是世界本来的样子。

所以说，政府越小越好这句话是有具体语境和前提条件的。有的时候，权利的实施需要一个强大的政府，而且需要强大政府的积极干预。

你能把这个问题拆到多细，你的独立思维就能有多深。这也是我们《法律相对论》这么多期以来一直主导和推崇的一种思维方式。我们希望通过对每个命题的解析，帮助大家训练一种更精细的思维方法。

问题还可以继续分析下去：那怎样才能拥有一个强大的政府，更好地保护好我们的权利呢？

答案是：有钱。

这其实就是这本书的主要思想。权利是有成本的，自由是依赖于税收的。私人自由具有公共成本，不是说天上掉馅饼似的随便就能来一个自由，权利跟成本是如影相随的。既然权利的实施依赖于政府的强大，那么税收的多少就必然会影响权利实施的状况。因此你就可以理解，每个国家税收收入的不同会导致权利保障情况的不同，一个国家在不同历史时期的权利保障也会有差异。

还是以美国为例。1944年1月11日，美国总统罗斯福在国会发表国情咨文，提出了后来被称为"第二权利法案"的权利清单：

"人们有挣得足以换取充足衣食和娱乐的收入的权利。"

"每一个家庭都拥有体面住宅的权利。"

"人们有获得充分保护免予老龄、疾病、事故和失业的经济忧虑的权利。"

不用继续举例下去，你也一定能感觉得到，和第一代权利法案里强调免予被政府干涉的消极自由相比，第二代权利法案的内容基本上都需要政府的积极作为。谁也不希望在保障公民福利权的时候，面对的仍然是一个退缩到幕后，不能为恶，但更不能为善的无所作为的小政府。

在美国的第一代和第二代人权问题上，我们能看到是国力强弱的问题导致国家对待权利的态度发生了变化。贫穷国家只能勉强提供第一代人权，但面对如此昂贵的第二代人权，它们也只能心有余而力不足。

我们以前的权利观念都是没有成本维度的，总是大笔一挥，认为某个权利是天赋人权，就要在立法中加以确立，并在实践中加以保障。但是我们从来没有意识到，任何权利都是有成本的。实施权利就意味着分配资源。有限的公共预算要投入到何种权利的保护上来，这不是一个自然法学的问题，不是应不应该的问题，而是一个经济学的问题，是能不能和可不可以的问题。

既然权利都是有成本的，那么，权利的保护就必然是有选择的，甚至在某些历史阶段，有些权利就注定无法被保护。比如，商品房当然是商品，但现实中如果消费者购买到有问题的商品房，也不能视其为《消费者权益保护法》中的商品，让消费者享受双倍返还的权利。因为在我国现阶段，房地产是支柱性产业。如果保障了消费者的这种权利，势必会给国家的支柱性产业带来打击。

讲到这里，相信你已经打破了对于权利的传统认知。

权利的实施是有成本的，政府并非在任何场合都是管得越少越好,很多时候,我们需要一个有充足预算的政府,更为积极有效地履行其保护权利的职责。

我们希望把更多关于权利的神学思考转变为更为现实的经济学思考,在对很多法律权利进行立法审议时,能够投入更多的精力去关注如下问题:

第一,确定一项权利的时候,我们准备为这项权利的运行和保护投入多少预算?

第二,资源是有限的,因此,假定保护了一种权利就不能再保护其他权利,那么我们应该如何最佳地配置权利?

第三,最低成本提供最大权利保护的最好形式是什么?

其实很多西方国家在议会讨论的时候,已经不会再讨论这个权利是不是"天赋人权",而是讨论准备投入多少预算。

我也很希望,下次再看到学术研究和立法讨论的时候,看到和听到的,不再是立法确认某种权利的正当性分析,而是确立权利的经济学分析,以及确立权利以后,有多少资源准备随时提供保护和救济。

06

禁酒令的意外后果

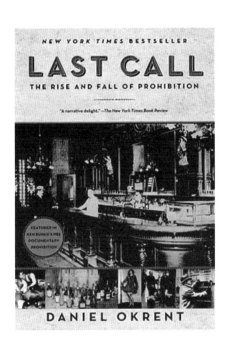

Daniel Okrent, *Last Call: The Rise and Fall of Prohibition*, Scribner, 2011.

美国宪法是世界上非常典型的刚性宪法，自从1787年通过以来就没有修改过，甚至总统职权的残缺都没有弥补。这是因为宪法制定之时，制宪者根本不可能想到日后会出现空军这一军种，因此，在对总统职权进行描述时，也只是规定总统有权统帅海陆军。这一明显不能与时俱进的规定竟然一直保留到现在。

美国建国200多年来，社会情势急剧变化，但是始终保持克制的美国宪法，仅仅用了20多条修正案，以及极其发达的宪法解释和宪法诉讼，就维系了这个国家的正常运作，这不得不说是一件非常神奇的事情。

而这区区20多条修正案中，竟然就有两条和酒有关：1919年颁布的第十八修正案在全美禁酒；1933年颁布的第二十一修正案，又正式废除了第十八修正案，解除禁酒令。

宪法这么神圣的法律，需要规范的事情那么庞杂，为什么偏偏对美国人喝酒的问题如此关注？这背后有什么内在的原因吗？

咱们先来说说禁酒令颁布的背景。

第一个原因，宗教背景。众所周知，美国社会主要是由当年被迫害的清教徒移民组成的社会，讲究勤俭节约的清教文化是美国社会的主流文化。既然这种清教传统讲究勤俭节约，自然就会认为酗酒是万恶之源。而且，当时的美国已经成为世界第一大经济体，大量移民涌入美国，各种文化混杂，美国白人作为清教徒在道德上和生活方式上总有一种优越感，他们反对酗酒，也希望引领大量涌入的黑人、犹太人、亚洲人一起反对酗酒，共同解决酗酒带来的诸多社会问题。因此，排斥酗酒的社会氛围就容易在主流社会中形成。

第二个原因，政治原因。国际政治方面，当时，"一战"刚刚结束，在战争期间，粮食有限，供给军队尚且不够，被拿来酿酒简直就是巨大的浪费。而且，当时美国主要的酿酒师、酿酒厂都来自德国，而美国和德国又是战场上的敌人，因此，禁酒也就等同于爱国。国内政治方面，推动禁酒的主要力量是女权组织，比如基督教妇女禁酒联合会（W.C.T.V.）。这很好理解，因为妇女认为酗酒是造成家庭暴力的主要原因，禁酒可以改变家庭关系，保护孩子心灵。而且当时正好是妇女赢得普遍选举权的时代，投票力量对比也发生了变化，所以，美国才会有这样一个禁酒法案的出台。

当然，这些都是一些比较流行的解说方式，最根本的原因恐怕还不是这些。因为清教徒其实并不像我们想象的那样讨厌喝酒。比如当年华盛顿在退役后担任弗吉尼亚州的议员，当时他身上只有37美金，却拿出34美金买酒给选民喝。当时的美国人就连在葬礼上也要喝酒。清教徒其实不但讨厌酗酒的人，也讨厌滴酒不沾的人。所以，用清教文化来解释禁酒令的产生是不太有说服力的，而且不能说明为何清教文化一直存在，但为什么偏偏在当时那个时间点上出现了禁酒令。政治原因就更没有说服力了，"一战"是1918年结束的，可禁酒令是1919年颁布的，这个时间也无法说明二者之间存在因果关系。国内政治方面，认为妇女获得了投票权就推动了禁酒令的出台的观点，显然忽视了爱饮酒的男士也拥有一半投票权的事实。

禁酒令出台的真正原因，其实是当时美国社会的进步主义运动。

当时美国处于社会转型时期，移民潮带来了大量的社会问题，城市拥挤，犯罪率上升，政治腐败，传统道德水准也开始迅速下滑。美国社会开始出现一种呼声，要求政府改变过去坚持的放任自流的定位，积极干预社会和经济事务。联邦政府正好也想借机扩大权力，我们现在知道的很多联邦政府机构都是在这段时间里设立的，比如州际贸易委员会、美联储和联邦调查局。毫不夸张地说，进步主义运动等于是美国第二次建国，此时是重塑美国社会的重要时刻。《反托拉斯法》《童工法》都是这段时间出台的法案。美国宪法修正案在此之前的100多年只有18次修正,但在1909年到1919年10年间就修正了4次之多。这样解释禁酒令的出台我觉得更符合逻辑。

但问题是,禁酒令的落实情况如何呢?为何又在14年之后被迫废除?

逻辑非常简单。

酒被禁了,难道男人们就当真不再需要酒精了?怎么可能!需求仍然存在,只是供给被切断了。那逻辑上的必然结果就是,所有供应全部转入地下。

禁酒随之带来的第一个问题就是黑帮的兴起。

供需矛盾突出以后,价格自然就会上升,而且打击得越厉害,价格上升得就越厉害,利润空间也就越大,走私、地下交易一时间成了一本万利的买卖,最后的结果必然是黑市的兴起和黑帮的建立。当时许多有组织的犯罪集团都是依靠这些非法生意得来的利润建立起来的。芝加哥黑帮老大艾尔·卡彭就是在这一时期开始崛起的,据说他每日贩酒所得利润就高达5 000美元。还有我们非常熟悉的小说《了不起的盖茨比》,里面的主人公盖茨比就是靠贩卖私酒发家的。

禁酒产生黑社会的最好例证就是爱尔兰黑帮。爱尔兰这个地方特别适合种土豆,充足的土豆供应滋生了大量人口,多余的土豆又可以用来酿酒,所以爱尔兰这个地方"酒鬼"特别多。但突然有一年,一种病害影响了土豆种植,结果土豆大量减产,导致爱尔兰发生大饥荒,开始向全世界各处移民。因为和邻近的英国关系恶劣，大西洋彼岸的美洲大陆自然就成了爱尔兰移民首选的目的地，几百万人一起涌向美国。

但是这些移民基本上都是农民出身，文化程度也不高，没有谋生的技能，只能组成街头黑帮谋生，来到美国后继续喝酒打架，所以口碑也特别差。

不过禁酒令却给了爱尔兰人一个绝佳的发展机会。他们也把握住了这个机会，从街头黑帮发展成了有组织黑帮。《大西洋帝国》这部美剧反映的就是这段时间爱尔兰黑帮的故事。当时爱尔兰在和英国闹独立，一直闹到1922年才独立，而这段时间正好是美国禁酒令颁布的几年。可打仗需要枪，爱尔兰共和军没有武器，就拜托老乡们在美国张罗。美国一方面不缺枪，一方面又缺酒，爱尔兰从不缺酒，但缺武器。双方一拍即合，威士忌换汤姆森冲锋枪。所以，爱尔兰黑帮就靠贩卖私酒而迅速发展壮大。你看，禁酒禁出了黑社会，这是立法者一开始怎么都想不到的结果。后来，1933年禁酒令被废除后，因为价廉物美的酒纷纷进入市场，美国人再也不需要购买高价私酒了。没有利润可赚，很多黑社会团体也就纷纷解体了。

禁酒产生的第二个非意图后果就是政府和社会的腐败。

既然黑社会在贩卖私酒方面能够获得如此巨大的利润，自然就会愿意分出一部分利润来买通公务人员为其保驾护航，政府就会成为黑社会的保护伞。而且，禁酒令不可能完全禁止酒的使用，比如宗教活动和医疗活动还是需要用酒的。为了保证宗教活动的用酒，一些小规模的葡萄酒生产依然是合法的，但葡萄酒的供应必须由政府集中管理。结果可想而知，少有官员可以抗拒近在眼前的诱惑，政府内部也渐渐出现了私酒交易，官员的贪污腐败问题也日渐突出。而在医院，威士忌可以被医生作为处方开给病人，虽然处方上有明确标注"所有除医疗之外的用途都是违法的"，但实际上并没有专门的部门对此进行监管。很多医生随意发放处方，"患者"在这段时间大量增加，医院变成了禁酒时期买酒的好去处。据估计，医生随意发放的此类处方"帮助"美国人消费了超过一百万加仑的酒。

当时还有一个很有意思的故事。美国人虽然不能卖酒，但是能卖葡萄汁和糖浆。所以有一家厂商就专门生产葡萄砖，把葡萄做成砖的形状，在外表上提示，禁止往葡萄砖里放3升水和10克酵母，否则发酵15天之后，就会变成葡萄酒。你看这不是欲盖弥彰，此地无银三百两吗？这说明，全社会都在想方设法地规避禁酒令的实施。各种腐败和钻法律漏洞的行为层出不穷。

禁酒令最让人意想不到的后果是私酒的安全性问题。

美国禁止了正规的生产，反而使人们不得不选择没有安全保障、质量不过关的私人和地下酒厂酿的酒。在这段时期，因酒精中毒入院的患者数要大大高于以往。不仅如此，盗用工业酒精的现象屡禁不止，因此当时出现了很多甲醇中毒的患者。由于酒主要是在黑帮和秘密家庭酿造者的掌握下制造，因此品质差异极大。有些人喝了用工业酒精和有毒化学品制造的私酒后双目失明，脑部受损或手足瘫痪。一些业余蒸馏爱好者用老旧的汽车冷却器 DIY 蒸馏烈酒，造成铅中毒或机器爆炸。

一味强调管制和禁止会给社会带来很多连锁反应。为什么美国很多团体呼吁堕胎公开化，因为堕胎的需求是无法完全消灭的，如果不承认堕胎的合法性，女性在遇到问题时势必就没有办法找到公开的、合法的、医疗条件良好的手术机构，这反而会给接受手术的妇女带来更大的危险。而且，当一个社会还没有形成相关社会规范的时候，立法者强行施加一个法律规范，就会事与愿违。比如，沈阳曾经出台过一个规定，只要行人不遵守交通规则而发生交通事故，机动车"撞了白撞"，司机不用承担责任。这个规定本意就是为了给行人更多的激励，让他们能够遵守交通规则，从而希望能够改善社会交通秩序，但如果在整个国民社会行为习惯还没有发生根本扭转的时候，就强行出台这一政策，最后反而会导致机动车司机在面对违反交通规则的行人时，放任甚至故意造成伤害局面的发生。而且，这种普遍违法局面的发生又势必会影响违法必究的可操作性，最终带来选择性执法的困局或者司法成本大幅攀升的恶果。

禁酒令颁布后也面临类似问题。美国地下酒吧差不多有 10 万家，光纽约就有 2 万多家，波士顿 1 万多家，地下酒吧的英文为"Speakeasy"（轻声说话），起源是买者须轻声说服看门人让他们进去。看门人的工作则是筛选看起来像禁酒探员的人。美国全国因为禁酒令被抓去坐牢的人多达几十万,各州监狱人满为患,而这些人大多只是平时有饮酒习惯,但身家清白,没有犯罪前科。美国不但没有从禁酒令中收获任何好处,反而要在执行禁酒过程中花费大量财政资金,这使得禁酒令变成了一桩不折不扣的赔本买卖。禁酒令的执行花费甚高,而政府又失去了每年约 5 亿美元的酒品税收,使得国库大受影响。

原本想要通过禁酒提升国民的健康水平,却有越来越多的人因为喝品质低劣的私酿酒进了医院;本意是为了降低犯罪率,却成了有组织犯罪的诱因;想要控制贪腐,却令更多的官员在这段时间主动或是被动地与黑帮勾结……各种各样的现象使得禁酒令的废止变得迫在眉睫。这一系列非意图后果的发生,最终促使美国作出废除禁酒令的决定。

禁酒令实施期间反对者从来没有停止过发声。他们成立自己的组织,到处鼓动废除该法,舆论也开始倒向反禁酒运动。到罗斯福竞选总统时,经济危机给了政客们一个冠冕堂皇的理由,废除禁酒令已成为竞选中的重要话题。终于在 1933 年,罗斯福当选总统后,顺应民意,宣布废止禁酒令,于是宪法第十八修正案成了美国历史上唯一一个被废除的宪法修正案。

禁酒令在颁布之初,愿望不可谓不良好,但是以良好的愿望开始,未必以良好的结果结束。清教徒们试图净化社会空气的理想,在社会自我治理机制没有形成的时候,盲目运用法律手段对社会进行规范，这样做必然产生上述那些非意图后果。类似的情形在我们国家似乎也曾经发生过，比如过年期间禁止燃放烟花爆竹的规定，以及试图改变行人规则意识的"撞了白撞"的规定，后来都被迫废除。这其中的道理，恐怕也是相通的吧。

07 证明标准的背后

〔美〕拉里·劳丹:《错案的哲学:刑事诉讼认识论》,李昌盛译,北京大学出版社2015年版。

我国《刑事诉讼法》规定的证明标准是"案件事实清楚，证据确实、充分"，背后反映的是一种客观真实的诉讼目标和可知论的认识论基础，简言之，只要我们发挥主观能动性，是可以发现案件客观真相的。

但是，这事靠谱吗？

1

西方有个著名学者罗尔斯，写过一本《正义论》，对程序正义作了一个非常经典的分类。他认为，存在三种程序正义。

第一种叫"完善的程序正义"。

什么意思？第一，对于什么是公平，存在一个独立的判断标准。第二，我们能够设计出一种程序，最终实现这种实体意义上的公平。那么，这种程序正义，就是完善的程序正义。

比如说"分蛋糕"，一个蛋糕到底怎么分才公平，是有一个独立的评价标准的：两个人吃就各分一半，四个人吃就各分四分之一,要均分,这就是结果公正的标准。

那有没有一个程序能够实现它呢?当然有:切蛋糕的人最后拿蛋糕。为了防止自己拿到最小的那一块,他一定会尽量切得平均,这样,无论他第几个参与分配,都可以跟别人分到一样大小的蛋糕,这就是完善的程序正义,也是最理想的程序正义。

第二种叫"纯粹的程序正义"。

什么意思?就是并不存在一个关于结果是否公正的独立评价标准,但是,只要主体遵守了一定的程序,最后不论出现什么结果,都必须接受,并把这种结果看作是公平的。也就是说,程序将决定结果的公正与否,这就是"纯粹的程序正义"。

赌博是最典型的例子。你看,在赌博之前,我们没有办法说这场赌博谁赢就是公平的,谁赢就是不公平的。它并没有一个结果公正与否的独立标准。但是,赌博过程中任何人都不能出老千,都要遵守游戏规则,愿赌服输,这就是"纯粹的程序正义"。

第三种叫"不完善的程序正义"。

所谓不完善的程序正义,是指有一个判断结果公正与否的独立标准,但是人们却无法设计出一套程序去发现和实现它。刑事诉讼就是最典型的例子。谁是凶手是有一个客观的答案的,但是不论你怎么设计刑事诉讼程序,都无法保证一定能够发现真凶,并将其绳之以法。任何诉讼程序都有可能放纵犯罪，冤枉无辜，因此，刑事诉讼程序就是不完善的程序正义。

2

既然刑事诉讼属于不完善的程序正义，那么，以找到客观真实、发现真相为目标去设置证明标准，是不是有些不切实际？

司法证明的理想目标是发现真相，这话肯定没错。但没错不等于有用。

司法证明的目标应该是什么呢？

既然错误不可避免，所以有人就想：理想目标就应该定位为减少司法错误。而为了减少司法错误，就应该提高死刑案件的证明标准，提高证明难度。

但是仔细分析这话背后的逻辑就会发现，假设证明标准的确提高了，比如说提高到百分之百，定罪难度的确增加了，冤枉无辜的可能性的确减少了，但这样一来，真正的凶手也更难被定罪了。

所以，不要片面理解司法错误，它不仅包括错误定罪，还包括错误释放。提高证明标准，减少的只是错误定罪，但却可能增加错误释放的比例。所以，提高证明标准，究竟是否有利于减少司法错误，答案可并不像我们想象的那么简单。

3

这就涉及两类错误的比例关系问题。

既然发现真相并不可能，司法证明的真正目标就是如何更大限度地减少司法错误。而司法错误分为两种——"错误定罪"和"错误释放"，所以，我们设置证明标准的时候，应当考虑的就是如何恰当地分配两种司法错误的比例关系。

因此，需要搞清楚一个问题：哪一种错误更不可欲？

显然，错误释放只是造成了一个错误，而错误定罪实际上同时包含着两个错误。因为司法机关在对无辜者错误定罪的同时，必然放纵了真正的罪犯。因此，错误定罪是人们更不希望发生的错误。

既然如此，一个理想的证明标准就应该是最大限度地降低错误定罪的可能性。现在我们可以考察一下英美法系排除合理怀疑的证明标准。

北京大学出版社出版过一本《错案的哲学：刑事诉讼认识论》，其中引用了几位西方历史上的思想家的语录。

伏尔泰："与判处谴责一个正直无辜之人相比，错判两个事实上有罪的人无罪更为严谨。"

威廉·布莱克斯通："宁愿让十个有罪的人逃脱刑罚，也不能让一个无辜的人被定罪。"

富兰克林："宁可让一百个有罪的人逍遥法外，也不愿一个无辜的人被定罪。"

12世纪的摩西·迈蒙尼德："宁可宣告一千个有罪的人无罪，也不愿让一个无辜的人被判处死刑。"

不知道你看出来没有，以上四句话中"宁可……也不……"等的句式，无一例外都体现出对于错误定罪更大的排斥。

但是你可能没有注意到的是，这四句话还暗含着一种比例关系上的细微区别。

4

这有什么重要意义吗？

为什么我们很少听到"宁可放纵一千，也不可错判一个"，而会更多地听到"宁可放纵十人，也不可错判一个"？这中间的比例关系，难道仅仅是一种巧合？其背后有没有更深的内涵和道理呢？

当然有。

如果我们把证明标准定位为确信程序为90%的排除合理怀疑，就意味着能容忍10∶1的错误比例，所以布莱克斯通所说的"宁愿让十个有罪的人逃脱刑罚，也不能让一个无辜的人被定罪"，就暗含着排除合理怀疑的确信程度是90%。

而如果说"宁可宣告一千个有罪的人无罪，也不能让一个无辜的人被判处死刑"的话，这里面很可能蕴含99.9%的证明标准。

数字背后隐藏的才是真理啊！

比如，民间俗语"新官上任三把火"，我们过去往往关注的都是"新官"，其实这句话真正重点在于包含数字的"三把火"。只有把哪"三"把火想透了,才能真正体会到俗语背后的真理。

再比如"不为五斗米折腰",过去我们关注的都是陶渊明不折腰的高风亮节,但是,我却认为,这里真正的关键是"五斗米"。根据传记,如果当时的俸禄是五千斗米,估计陶渊明的态度可能会有一些不同。

所以,我们说,证明标准所反映的内心确信程度,其实暗含的就是两种司法错误的比例关系。这才是证明标准设置背后真正的原理所在。

5

接下来我要介绍的是证明标准的第二个层次。

有人会说英美法系国家的标准是排除合理怀疑,是90%,而我们国家的标准是证据事实充分,是100%。所以我们是高标准,西方是低标准。因而,我们的证明标准更能体现对案件的慎重和对人权的保障。

这个判断成立吗?

我想反问一句:高标准就一定能保障人权吗?如果真是如此,为什么法定证据制度之下证明标准定得如此之高,定罪如此之难,而刑讯逼供却被合法化了呢?

再反问一句:低标准难道就一定不能保障人权吗?排除合理怀疑证明标准下导致的错案数量和证据确实充分证明标准下

导致的错案数量，究竟哪个更高，我们恐怕不能这么简单地推导。

我们应该思考的问题是：为什么英美法系国家会在审判阶段提出一个貌似很低的证明标准？他们真的不怕冤枉无辜吗？

分析这个问题必须用系统性的视角，不能仅仅关注审判阶段，而应关注审前程序的制度设置。

英美法系国家在审前阶段能够对犯罪嫌疑人进行充分的分流，只要证据不足，嫌疑不大，司法机关就要及时地作不起诉的处理。所以进入法庭审判阶段，被告实质有罪的比例就比较高了，正是在这个背景下，司法机关才敢于使用低标准来定罪量刑。

但是，如果立案、侦查、起诉没有这种分流机制，很多无辜的嫌疑人都被拉进刑事诉讼程序，导致进入法庭审判阶段无辜者的比例增高，在这种制度背景下，为了防止错误定罪，司法机关自然不得不把审判阶段的证明标准抬高到接近客观真实的地步。

所以说，审判阶段的高标准，其实是对审前阶段不太严格的立案吸纳机制的一种事后矫正。正是审前阶段缺乏分流机制，才把审判阶段的证明标准给"逼"高了。

6

接下来还有一个问题。

裁判者数量的多寡对于证明标准设置的高低也有重要的

影响。

那么,裁判者人数的多和少,到底哪一个对证明标准的掌握程度更为严格呢?

显然,作为裁判者不管证明标准定得有多高,实际掌握起来都有可能会变得很低。但如果由一万个人来掌握一个证明标准,而且要求每个人的判断必须一致,否则不能作出有罪裁判,那这个时候证明标准的掌握程度就是非常严格的。所以说,裁判者人数是决定证明标准在执行层面是否能够得到严格贯彻的重要指标。

那么,与排除合理怀疑这一证明标准配套的裁判者人数是多少人呢?

一般来说,英美法系国家刑事案件的陪审团都是 12 个人,即使是民事案件的"迷你"陪审团也有 6 人,大陪审团是 23 个人。

但是相反,我们国家裁判者人数一般都是 3 人,高级人民法院、最高人民法院第一审案件是 3 人、5 人或 7 人,最多就 7 人,二审案件是 3 人或 5 人。所以,我国的裁判者一般是 3—5 人。裁判者人数不多,实际掌握证明标准的严格程度肯定就不如排除合理怀疑的陪审团。

再看表决规则。

英美法系国家与排除合理怀疑所配合的表决规则要求非常之高,所有陪审员必须得出一致判断,才能给被告人定罪。所以虽然英美法系国家的证明标准是低标准，但掌握程度却非常严格，只要有一个人不同意，有一点点内心的怀疑，整个案子就判不下去。

而我们的证明标准看似很高，但是却实行少数服从多数的原则，2∶1、3∶2、4∶3，不论3人还是5人合议庭，只要有一票之差就可以决定一个人有罪与否，甚至是判处死刑与否。

严格的证明标准配以宽松的表决规则，导致高标准实际上很难落地，结果导致一种"高标准低操作，低标准严操作"的悖反现象。

正如黄宗智教授在《经验与理论：中国社会、经济与法律的实践历史研究》这本书中所言："研究法律制度，看它怎么说是一回事，看它怎么做又是一回事，看它说和做怎么结合则又是第三回事。"

7

有一种学术是研究法律是怎么说的，比如立法研究、法解释学、法教义学。

还有一种是研究法律怎么做的，就是法律实证研究，例如法律田野调查。

而第三种研究是黄宗智教授创造的"悖论法学"，它研究的是表达和实践之间怎么不一样，研究说和做之间的张力怎么回事，为什么说到做不到。这一点是非常有启发意义的。

结合我国的证明标准问题,不妨思考一下,为什么我们总是无法做到高标准严要求?实践中做不到,就必然会产生两个结果:

第一,隐性降低证明标准,才能完成打击犯罪的任务,而不是达不到证明标准,大量无罪释放犯罪嫌疑人。

怎么隐性降低呢?

当年,彭真在五个城市的治安会议上,就对严打证明标准提出一个新的口号:"不要把每个细节都查清楚,我们可以只查两个基本,两个基本就够了,不要纠缠细节。"

"两个基本"就是隐性降低法定证明标准的一种形式。但它本来的意思是"基本案件事实清楚,基本证据确实、充分"。

但由于被浓缩为"两个基本"这四个字进行传播,结果变成了"案件事实基本清楚,证据基本确实、充分",跟原来的含义完全背道而驰,很多案件,都因为对"两个基本"的严重误解而造成冤假错案。

第二,既然法定证明标准过高,无法达到,而司法机关又不可能直接释放犯罪嫌疑人,还必须想方设法满足证据要求,就会导致刑讯逼供常态化,非法监听常态化。

美国有一个学者叫兰贝恩,写过一本书叫《刑讯逼供与证明制度》(*Torture and the Law of Proof*),讲的是修改刑诉法提高证明标准的非意图后果。他认为,正是因为提高了证明标准,逼得执法者为了达到这一过高标准,而不得不刑讯逼供,所以,这本书一个最重要的结论就是,刑讯逼供其实是被过高的证明标准倒逼出来的反常现象。

提高证明标准的做法,播种了"龙种",却收获了"跳蚤"。

从办铁案的初衷出发,结果又怎么办成了冤案?

希望这一篇文章能给你带来一些思考上的启发。

08 事与愿违的良法

薛兆丰:《经济学通识》(第二版),北京大学出版社2015年版。

我们经常会听到有人说，有些企业家昧了良心，把工人的工资压得好低，工人辛苦劳动却得不到合理的报酬。因此，也不断有人主张，应该通过立法确定最低工资保障标准。

在这种理念引导之下，很多地方也的确付诸了行动。比如，上海从2019年4月1日起开始调整最低工资标准。月最低工资标准从2 420元调整到2 480元，增加60元；小时最低工资标准从21元调整到22元。

但是，最低工资保障法真的能够取得预期的效果吗？真的能够如很多人设想的那样保护弱势群体吗？

我们先来看看国外著名的经济人的观点。

《穷查理宝典》一书的主人公查理·芒格是美国非常著名的投资家，伯克希尔·哈撒韦公司董事会的副主席。他可不是一般人，在过去的46年中，他和巴菲特联手创造了一个投资界的奇迹——伯克希尔·哈撒韦公司股票账面价值的年均复合受益率达到了近24%，每股股票价格从19美元升至84

487美元。相比于我们现在4%的理财受益率,这个数字高得简直不可想象。

但是,就是这样一个经济领域里毫无疑问的大咖,竟然在出席伯克希尔·哈撒韦50周年股东大会的时候说了一句石破天惊的话:提高最低工资标准十分愚蠢,只会损害穷人利益。

此话怎讲?我们来梳理一下芒格的逻辑。

1

以上海为例,假设最低工资标准是2 000元,但是某个工人的劳动价值却只值1 000元,按照上海市政府要求的2 000元的最低工资标准,这个工人最终会面临什么后果呢?

我们先设想一下,一个劳动价值只值1 000元的工人,可能既不会写字,也不会使用电脑,只能做一些看门跑腿的活,但现在法律规定对这类工人的工资最低也要达到2 000元的标准,那结果就是,雇主更愿意去雇用那些会写字、会使用电脑的人。

本来嘛,当时雇主之所以愿意请他们就是因为他们便宜,现在两种工人既然都一样贵,雇主当然会优先雇用那些稍微有一点文化的人了。

所以你看见没有,最低工资保障法出发点本来是想保护弱势群体,最后却保护不了更为弱势的群体。

我们假定劳动力的市场价格是100元,而政府规定的最低工资是120元,其政策后果必然是吸引更多低技能工人进入劳动力市场,但是由于劳动力成本上升,雇主又会反过来限制工人的人数,所以形成了更多的工人和更少的就业机会的局面,提高最低工资反而带来就业率下降的后果,这一点是让很多人始料未及的。实际上,这个逻辑推理也得到了现实研究成果的证实。有研究表明,最低工资每上浮10%,低技能工人的就业率就将下降1%~3%。比如,某一时期法国最低工资是美国的两倍,对雇用和解雇实行严格的管制,结果,按占人口比例计算,法国销售商雇用工人比例反而比美国低50%。

我们还可以举一些中国的个案。当年广州没有执行最低工资制度的时候,日后被称为"洗碗洗出来的草根经济学者"的周克成才得以以250元的月薪进入广州的一家洗车公司工作,然后因为自己的表现优异,才不断获得加薪和晋升的机会,并最终成为搜狐财经的高级编辑。

他在回忆这段往事的时候感慨,假如当年严格实行最低工资制度,老板肯定要雇用那些更有经验和水平的技工,而像他这样没有特殊技能的人,可能连进入这家企业的机会都没有,更不要提后来事业的发展了。

2

我们再来看问题的第二个层次。

工资和福利能是政府硬性规定的吗?它有没有自己的规

律呢？

有一本书叫作《纯粹经济学》，这本书对工资标准的确定有一个非常形象的说明。比如，一个农民到地主的土地上耕作，打出1 000斤粮食，第二个农民来了以后打出了800斤粮食，因为土壤肥力在逐渐下降，所以按照边际产量递减的规律，每新来一个农民，他的产出就会下降一点，直到第100个农民产出是20斤为止。

现在问，这些农民的工资水平应该根据什么标准确定？是第一个农民的1 000斤？还是最后一个农民的20斤？再或者是平均产量？

地主肯定不会按1 000斤发工资，否则就会亏死。他也不会按平均产量发工资，而只会根据最后一个农民的产量，也就是边际产量计算工资水平。有人说，这不是赤裸裸的剥削吗？其实真不是。因为只有这20斤才是农民劳动力的真正贡献量，前面农民多打的粮食其实都有赖于土壤的肥力，是土壤和劳动力共同作用的结果，否则第一个农民如果最后一个来，同样的劳动也只能打出20斤的粮食。这就是工资由边际生产力决定的道理。所以，如果一个人的边际生产力是20美元，那么他的工资就会接近20美元。

在我们传统的观念中，资本家都是贪婪的，在剥夺工人剩余价值方面都是毫不手软的。只要有可能，雇主都会尽可能地少发工资，而不论工人实际的工作能力和创造的价值如何。但实际上,这种印象是不符合实际的。根据经济学家的研究,雇主之间存在的竞争关系会让工人的工资接近于他的边际生产力。

这话怎么理解呢?举个例子。假设一个工人边际生产力是100元,但工资是10元,雇主当然就会获得剩余的90元,也就是我们所说的剩余价值。但这种分析没有考虑到市场还有其他雇主对劳动力的竞争,一旦有雇主愿意开出更高的工资来吸引工人跳槽,工人的工资就会不断提高,直到接近其边际生产力的水平为止。

工资既然是边际生产力决定的,它就是有规律的,怎么能由政府强制规定呢?

大家看,一个企业不是独立存在的,还有很多其他的企业,市场中有很多雇主在竞争工人。我们过去总觉得这是老板和工人之间的博弈,但其实,和工人竞争的不是老板,而是其他工人,看谁愿意接受更低的工资。而老板的竞争对手也不是工人,而是其他老板,他们竞争的是看谁能出更高的工资。所以,在完全竞争的环境下,只要有企业愿意开更高的工资,私有企业要过分剥削工人,都是不可能的。

现在我们来思考,既然强行保护弱势群体却让最弱势群体受到更大的侵犯,弱势群体会不会不希望政府来保护他们呢?

比如,为了保护童工,我们规定禁止雇用童工,但是如果一个不满14岁的孩子父母双双瘫痪,只能依靠他出来打工才能有唯一的生活来源，我们这到底是在保护他还是在伤害他呢？

网络上有一篇文章《焚烧穷人眼中的财富》，举例说成都市曾经公开焚烧了一批有质量问题的大米、饮料和其他食品，绝不容许这些食品流入市场损害人民健康，但是，对于底层的人民，即便是这样的食物，也比没有粮食充饥要强。我们为了保护他们的身体健康，不准他们吃不达标的食物，不让他们吃有副作用的药物，不让他们找没有执照的民间医生看病。作者一针见血地指出："一切可以自圆其说的经济理论却是将这些来自底层的欲望排开了的。"

除此之外，强制性提高最低工资的做法有时还有一些不可告人的目的。

经济学家薛兆丰教授就曾经在其《经济学通识》（第二版）中举过两个例子。

美国北部的工资比较高，南部的则较低，但北部的工会却极力呼吁提高南部的工资。这绝不是因为北部工会更加关心南部工人的生活境遇，而是因为北部的工资本来就高，且劳动力不密集，所以提高最低工资对生产成本的影响小；但南部劳动力密集，一旦提高法定最低工资，生产成本就会大增，竞争力就会削弱，将来这些工人就会面临被裁员的危险。你看，谁能想到提高最低工资背后还会有这样复杂的因果链条呢？

再比如，美国的制衣工会也一直强烈要求提高最低工资，声称那是为了保护新移民和年轻人，不让他们受支付低工资的雇主的剥削。但实际上，如果真的提高了最低工资，大部分的新移民和年轻人就会失业，最终得益的是工资本来就比较高的白人和中年人。

所以你发现，我们是不是以良好的愿望出发，就一定能收获良好的结果呢？

有的时候良法只是在立法目的上是良好的，但其执行后果却往往事与愿违。比如，立法者为了威慑抢劫犯罪，提高抢劫的量刑标准，规定行为人只要抢劫就要判处死刑。结果呢？以后抢劫犯就会想，反正抢劫也是死，抢劫杀人也是死，那还不如把被害人杀了，这样至少还可以减少自己被发现和追究的概率，如此一来，被害人的处境反而更加危险了。

再比如，为了保护患者这一弱势群体，医疗事故案件实行举证责任倒置。但结果呢？医疗机构就会把未来的赔偿提前分摊给每一个患者，导致医疗费用大为提高；而且，为了减少医疗事故，医疗机构还会认定患者在别的医院所作的检查一律无效，全部需要重新检查，反而无形中增加了患者负担。

所以，学者在提供一种问题解决方案的时候，往往因为学科划分，只会从专业角度提供解决方案，比如医疗事故案件举证责任倒置就是民事诉讼的学者从证明责任角度出发提供的对策，但是，它却是切割了所有复杂因果链条以后所作出的单因果分析。

没错，社会科学的本质就是进行单因果分析和近因分析，可是社会却是由多因果组成的，是靠复杂因果链条的传递运行的。如果学者过于自负，用单因果分析的学术结论去规制社会生活，就极有可能带来与美好的初衷相违的结果。

09 汉德公式的功过是非

王成:《侵权损害赔偿的经济分析》,中国人民大学出版社2002年版。

一提到过失责任，我们会想起很多法律定义。例如：

《德国民法典》第276条第2款规定：过失就是没有尽到交易上必要的注意。

《美国侵权法》也规定：过失就是没能尽到合理的注意。

可是，什么是"必要"？什么又是"合理"呢？

按照法律人的思维方式，是否必要和合理，要根据一般理性人的标准加以判断。只要侵权人尽到一般理性人的合理注意义务，就算是没有过失责任。但是，每当听到这样的解释，我们总是觉得似乎仍然云山雾罩，问题没有被解释清楚。

直到有一天，美国的汉德法官（Billings Learned Hand），作出了一个经典判决，提出了著名的汉德公式，才真正解决了过失的判断标准问题，奠定了法经济分析在事故法中的支柱性地位。

1

这个案子就是发生在 1947 年冬天的美利坚合众国诉卡罗尔拖船公司一案。

有一艘驳船 AC 号，是自己不带动力的货船，需要连接到别的拖船上才能被拖走。AC 号驳船和其他几艘船一起被绑在码头上，另外一艘卡罗尔拖船公司船的船主需要拖走自己的船只，于是就解开了绳索，却没有重新将 AC 号的绳索绑牢。结果 AC 号在海面上漂荡了 21 个小时，撞到了另一艘油船，导致油船沉没，满满一船美国政府的面粉也就报废了。美国政府于是状告卡罗尔拖船公司，要求它赔偿整艘船和船上物资的损失。

问题的关键在于，本案中的卡罗尔公司有没有过失责任。

关于这个问题，汉德是怎么思考的呢？

他认为，既然每只驳船理论上都有冲出泊位、造成周围船只损害的风险，则船主就有义务预防损害结果的发生。

这起案件大概有三个变量需要考虑。

第一，被告船只冲出泊位，撞到别人船只的概率是多少？

第二，如果真发生碰撞，损害会有多大？

第三，被告船主为了防止发生碰撞事故，所花费的预防成本有多少？

汉德法官根据上述三个要素提出了一个公式，找到了判断被告是否成立过失的清晰标准：

假设碰撞发生会造成1万美元的损失，而发生碰撞的概率是10%，则预期的损失就是1万美元乘以10%，也就是1 000美元。

考虑到这个概率，被告应该花多少钱才不构成过失，因而可以免责呢？

预防成本一定要高于刚才算出来的预期损失。也就是说，如果被告已经为预防事故发生花了1 500美元，超过了1 000美元的预期损失，就表明被告已经尽到了合理的注意义务，因此不构成过失，也就可以免责了。但是，如果预防成本的花费要少于预期损失的1 000美元，则被告构成过失，需要承担损害赔偿责任。

你看，汉德法官通过这种数字计算的公式，一目了然地代替了之前法律人通过主观色彩极为浓厚的所谓"必要"和"合理"来进行解释的尴尬和模糊。

回到当初的案件，战争期间，纽约港口需要运送战略物资，不断有船只进出，非常繁忙和嘈杂，一旦船只缆绳松开，造成损失的概率会非常之大，损害也会非常严重。但是，在本案中，驳船的船员是在1月3日下午5点钟离开的，而驳船第二天下午2点钟被冲走，即在21个小时之内，这艘船上的船员都不在现场。而事故发生时正值1月，白昼非常短暂，派船员在船上值守，公司并不需要很大的投入，经过简单计算，显然拖船公司应当承担侵权责任。

通过这么一个案例，你会发现，法律人经常说的那些"必要""合理"，终于借助一种经济学的逻辑和数学的思维，有了一个清晰的判断标准。

2

有了这个公式，我们再来分析一下生活中经常遇到的一些事，就会有一种豁然开朗的感觉。

比如前段时间发生的几个类似案例：游客没有买门票进入动物园后，被老虎咬死；还有游客在野生动物园开车游览时下车换座位，结果当场被老虎咬死。

当时网上很多人都认为，动物园应当承担责任，而不是游客责任自负，因为动物园是强势群体。

遇到这样的案例，用强势群体和弱势群体这样的概念来分配责任，显然不是一种正确的法律思维。

我们可以运用汉德公式的思维重新审视一下这两个案子。

如果动物园需要雇用很多工作人员手持猎枪，只要发生动物伤人的情况就立即将动物一枪毙命才能预防此类事故发生；而游客只要紧闭车门，遵守动物园的相关规则，就可以避免事故发生，前者需要花费10万美元，后者只需要花费10美元，如果我们仍然把预防事故的成本强加给动物园这类所谓强势群体，会不会造成社会资源的极大浪费呢？

所以你会发现，道德哲学家喜欢用强和弱来分析社会问题，而不会去考虑社会为此支付的整体成本。但是经济学家遇到此类问题，首先想的则是如何对有限资源进行最佳配置。经济学家设计制度，一定会让预防成本最小的一方承担预防责任。

所以你发现没有，利用汉德公式就可以站在经济学的角度，用社会成本最小化的方式来判断案件的责任归属。

3

我们以前一直以为法律追求的是公平而不是效率。

其实不是。

大家看一下汉德公式，显然就是站在效率维度思考问题，是在用社会资源最佳分配方案在考虑责任归属。

我们还可以沿着这个思路思考不可抗力和意外事件这两种免责事由背后的逻辑。

你看，如果发生天灾或战争，由原告、被告任何一方来承担避免事故的成本都不划算，无论谁花钱都会造成社会资源的巨大浪费，比如就算你花了20万元，但在面对飓风的时候还是于事无补，仍然会遭受损失。对于这种无论怎么预防，算来算去都不划算的情形，我们就把它归为"意外事件"或"不可抗力"，免除所有人的责任。

用经济学思维分析法律问题，这就是法律经济学产生的原因。

法经济学思维首先影响的是垄断法领域，汉德公式出现后又开始影响到侵权法领域,后来又进入婚姻法领域,再到后来,一个叫贝格尔的学者认为,人类行为的所有领域都可以用经济学方法进行分析。从此,效率原则开始影响在传统上追求公正的法律领域。

其实,法律人也追求效率,只不过不愿意承认而已。法经济学家一语中的:所谓的公平,其实第二个含义就是效率,只不过法学家热衷于用公平原则来粉饰它而已。

法经济学家认为,法律规则和经济学原理一样,其归根结底,都是在分配稀缺资源。

4

你可能会问:那过失、过错责任原则,分配的是什么稀缺资源?

注意力资源。

什么意思?举个例子,假设因为行人违反交通规则而导致交通事故,但法律却规定一律由机动车司机承担责任,本来由行人支付的医疗费用就要由司机来赔偿。这笔费用本来和司机是不相干的,这叫事故发生的外部性,但是通过归责原则由司机支付之后,这部分成本就被内部化了。这就是外部成本的内部化问题。这种归责原则必然会让机动车司机今后在开车的时候更加小心,它分配的其实就是司机的注意力资源。相反,如果规定发生交通事故一律由行人自己承担责任,结果自然是行人走路的时候会格外小心，这一归责原则又在分配行人的注意力资源。但是这种责任承担方式，又会让行人，也就是那些潜在受害人用各种方式，比如身上披着铠甲、披着钢板，自行预防交通事故的发生。但这种预防方式会造成社会财富的极大浪费。

有人脑洞很大，提出了一种更加新奇的思路。如果行人觉得自己可能会被撞，就事先找到那个要撞他的司机，提前支付一笔钱，反正我住院要花 2 万美元，那我事先给你发 5 000 美元，你别把我给撞了行不行？

大家想一想，我们能不能用付费的方式买到不被撞的权利呢？当然不行了。因为交易成本很高啊！没有任何一个人会预料到谁会撞到自己。交易成本那么高，因此无法形成市场化的付费方案。

过错责任原则就是在这样的背景下产生的。

汉德公式这一方法把法律人特别看重的道德上的对错问题完全变成了一个经济价值的计算问题，它的的确确看起来没有道德感，但是特别清晰，特别容易操作，运用汉德公式也不用担心法官会滥用自由裁量权，不用担心他会腐败和寻租。

所以，在这个思路之下，承担责任不是因为行为人做错了事，而只是因为他是能把事故用成本最低的方法避免的人。

正因为如此，有人指责经济学家没有道德感，其实，这不是没有道德感，而是道德的标准变了，在经济学家看来有效率的行为就是对的，没有效率的行为就是错的，经济学改变了人们的道德感，把道德的标准建立在经济利益的计算之上。

5

汉德公式被提出来以后，的确解决了很多棘手的问题，但是越到后来，人们越发现，汉德公式似乎也存在一些问题。

第一个问题，能够利用汉德公式进行分析的前提，是损失可以货币化，无论是预期损失，还是预防成本，都要能够转化为货币形式，才能够进行精确的计算和比较。但是生活中的很多损失、不同利益，是不是都能被货币化呢？比如说上文讲到的老虎伤人，如果要用汉德公式的话，首先得回答一个人被老虎咬死，这个被损害的生命的价值有多大，只有把这笔账算清楚，最后才能和动物园花费的预防成本进行数字上的比较。但生命的价值怎么能用金钱来衡量呢？

第二个问题，根据王成博士在《侵权损害赔偿的经济分析》一书中的分析，用经济术语重新思考汉德公式，会得出和传统观点完全不同的结论。他认为，用事故损失乘以事故发生概率，然后再去和预防成本进行比较，这种方法忽略了边际成本这个重要的因素。

比如，如果一个人在楼梯间滑倒受伤，他滑倒的概率是 0.1%，事故的成本是 25 000 美元，这个事故预期的损害就是 25 000×0.001，大概就是 25 美元的预期损失。按照汉德公式，要防止这个事故的成本，至少在 25 美元以上，比如在每阶楼梯上都安装橡胶垫，而且装上护栏。房屋管理人只有花费超过 25 美元，才能免责。

但是，人们真的会给每个楼梯都装上护栏吗？我们来看一下，假设我们在楼梯的中间装上了 10 美元的橡胶垫（没有花到 25 美元），这个时候事故发生的概率是会发生变化的，它会下降一半，你会发现，安装橡胶垫进行预防的成本 10 美元是低于 25 美元的，按说他应该没有尽到注意义务。但问题是发生事故的概率也发生变化了。

因此，汉德公式最大的一个问题就是忽略了边际效应，它没有在每一个边际点上重新计算事故发生的概率，进而比较不同的预防成本，而是用一种静态的整体成本进行简单比较。

但波斯纳认为，人们在作决策时都是在边际上作决策。我安装了一个防滑垫以后，会想一下要不要继续安装，安装了第二个以后还会再想要不要安装第三个。人的决策都是在边际上计算的，既然如此，怎么能用一个静态的公式笼统地比较一个人有没有尽到应尽的义务呢？所以说，汉德公式是错的，它不够精细化。

你看，学问的进步，就是这样不断精细化的思考过程。

正是汉德公式的提出，修改了法律上对于过失的定义，人们开始把过失的概念表述为：一个人没有能够采取有效率的预防措施。

"合理而必要的注意义务"从此被经济学术语"有效率的

预防措施"取代了。

尽管汉德公式在后来受到了很多的挑战,但是,不得不承认,汉德公式的思路给后人提供了新的思考的起点和框架。

最后再说一句题外话。

对于法律人,最重要的是利益的权衡,而对于经济学人,最重要的是利益的计算。很多法律问题,都是在进行价值选择,而经济学的思路,把它们还原成了冷静的经济计算。

这种思维方式,的确可以经常给法律人以必要的启发和补充。

10
死刑能够废除吗?

〔美〕欧内斯特·范·登·哈格、〔美〕约翰·P.康拉德:《死刑论辩》,方鹏、吕亚萍译,中国政法大学出版社2005年版。

法国参议员罗贝尔·巴丹戴尔是一位著名的反对死刑的律师，出版过一本《为废除死刑而战》的小书。

　　1976年，一名8岁男童被绑架杀害，激起了整个法国社会的极大义愤，几乎百分之百的法国人都希望把被告人亨利处死。当时已经很少判处死刑的法国，因为这个案子的影响，接二连三地出现了7例死刑判决。作为被告人辩护人的巴丹戴尔，作出了可能是人类历史上最为出色的反对死刑的辩护，他说："当一位母亲的泪水汇合进另一位母亲的泪水时，正义到底在哪里？"正是这句话，最终挽救了被告人亨利的生命。

　　此后，巴丹戴尔又先后让其他6名被告人避免了死刑判决。

　　1981年，巴丹戴尔被密特朗总统任命为司法部部长，并成功推动法国通过了废除死刑的法令。后来，巴丹戴尔又先后担任宪法委员会主席、参议员、巴黎大学法学教授，开始在全世界范围内积极推动废除死刑的事业。

　　但是，说句实话，每次看到死刑废除论者慷慨激昂的陈词的时候，我总是很难在里面找到符合逻辑性的理由，他们在发表类似观点的时候，似乎更多的是一个人文主义者。

正如著名的哲学家德里达曾经说过的那样："欧洲的作家通常都反对死刑，人文情怀比较重。但欧洲的哲学家思考得比较深，通常都会支持死刑。"

因为对哲学家来说，死刑的正当性，就等于国家的正当性。所以，保留死刑，就与保存国家一样必要。

今天，我就想聊一聊死刑存废的话题，看一看那些废除论的主张中诉诸逻辑的论证理由，是否经得起检验。

你可能会问，为什么是检验死刑废除论的逻辑，而不是检验死刑保留论的逻辑呢？

很简单，因为死刑存废不同于生命意义，它本质上，既非哲理辩论，也非价值辩论，而是不折不扣的政策辩论。

而政策辩论最核心的要素在于，没有任何一项政策是只有好处而没有坏处的，因此论证一项政策的成立与否，重点在于论证损益比。

而且，更为关键的是，政策辩论因为要改变现有政策，而改变现状就涉及社会成本的投入，因此，总要由主张改变现状的一方承担举证责任，证明改革的必要性。

所以，我们需要检验死刑废除论的逻辑，而不是相反。

先看死刑废除论的第一个常见理由：社会契约论。

什么是社会契约论呢？

这是西方流行的一种国家起源的假设，大家坐下来签订一个契约，然后共同让渡自己的一部分权利，正是这些权利的结晶，形成了国家。

社会契约的达成并非经验事实，在历史上也未必存在，这只是一种理论上的假设和逻辑上的起点。

但是，社会契约论中有一个核心，就是权利到权力的转化过程。每个人交出自己的权利从而结晶为国家权力的目的，是为了更好地保全自己，希望国家利用更强大的力量来保护个体生命不受自然界弱肉强食的践踏和损伤，既然如此，那人们又怎么可能在订立契约的时候把自己的生命权交出去由国家裁夺呢？

按照社会契约论的立论逻辑，为了保护更大的权利，人们才会让渡一些更轻微的权利。比如，为了保护生命，人们可以让渡一些隐私；为了保护自由，人们可以让渡一些财产。但是无论如何，人们都不会为了保护自己的生命而让渡自己的生命。这在逻辑上也是说不通的。

既然每个人都不可能提前把生命权交出来，那么国家的刑罚权当中就不应该有判处和执行死刑的权力。国家最多只能有剥夺自由和/或者财产的权力，所以，社会契约论就成了死刑废除论者最为坚定的理论基础。

那么，这个反对死刑的逻辑是否也能同样适用于东方社会呢？

众所周知，社会契约论只是国家起源学说理论中比较有竞争力的一个，但这并非东方社会的共识。

著名法律文化学者梁治平教授所写的《寻求自然秩序中的和谐》中就提到，东方社会的国家，尤其是中国往往起源于部落战争，所以，才会出现"刑起于兵"的说法，所以"刑"字有一个刀字旁。如果国家起源于战争，这恰恰说明刑罚权应当有将人处死的权力。

还有一种比较流行的东方社会的国家起源学说。美国著名学者魏特夫有一本名著《东方专制主义：对于极权力量的比较研究》，他认为，东方社会出于治水的需要，必须把大河上游、中游和下游的权力结合在一起形成更高级的权力，才能统合资源一起抗洪。在这样的国家起源学说的背景下，学者运用社会契约论来论证废除死刑，显然是不能成立的。社会契约论最多只能成为西方社会废除死刑的理由，但绝对不能照搬于东方社会。这是死刑废除论在逻辑上的第一个问题。

死刑废除论的第二个理由：死刑是谋杀。

死刑废除论者认为：死刑就等于是国家在谋杀。国家一方面对杀人犯给予道德上的否定评价，但另一方面又接着去谋杀杀人犯。贝卡里亚就曾经说过："法律以死刑来惩罚杀人犯，但（国家）自己同时也犯了杀人罪。"二者内在逻辑是一致的，国家不能使用杀人的手段去否定杀人的行为，这在逻辑上也是不通的。

真的如此吗？国家对死刑犯执行死刑，真的可以和杀人犯的杀人行为在性质上等同吗？

我认为，死刑无论是在道德上还是在法律上都不能和谋杀画等号。

即便以最功利的经济学的眼光来看，死刑也是罪犯自己选择犯罪时早就考虑好的定价，如果他觉得愿意为犯罪行为付出十年监禁的代价，他就会去犯这个罪，十年监禁是他给这个犯罪的定价。而死刑是谋杀罪的定价，他能够付得起，他就会选择犯罪。把他自由选择的定价形容为国家的谋杀，这无论如何显得有些矫情，是在故意混淆谋杀一个无辜的人和给一个罪犯执行死刑之间的道德差别。

将执行死刑等同于谋杀，其实只是在结果意义上去考量谋杀行为的性质。虽然两者都是杀死了一个人，但是两者存在道德和法律上的巨大差异。比如，强奸和做爱在结果上可能是一样的，但是在法律和道德上的意义就完全不同。强奸是犯罪，但是做爱，就是合法的，而且是爱的升华。

所以，如果把国家执行死刑等同于谋杀的话，按照这个逻辑，逮捕是不是也等同于绑架，征税是不是也等同于抢劫呢？这种类比显然是非常荒谬的。

执行死刑即便是在结果上和谋杀一模一样，也不能因此就让死刑变得不道德，判断执行死刑是否道德的唯一标准就是执行死刑是否超限或无效。比如，尽管必须要剥夺罪犯的生命，但是不能以凌迟的方式执行，因为这已经超过了必要的限度，构成过度威慑，这就超过了人类文明的底线，侵犯了人类的尊严。但是，凌迟是不道德的，并不代表死刑是不道德的。

死刑废除论的第三个理由：死刑会鼓励谋杀。

有一种废除理由认为，死刑的公开执行会引起围观群众的模仿，很多位于犯罪边缘的人可能因为看到了执行死刑的场面，将来在某个场合会模仿他们看到的东西。

这个理由逻辑问题就更大了。我们重新推演一遍这个逻辑：公开执行死刑—围观死刑—模仿杀人，这个链接最后推出来的结果不是废除死刑，而是应当废除死刑的公开执行。

没错，公开的暴力的确会引发一种暴力的冲动，但并不是取消这种暴力的理由。比如，夫妻之间进行的性生活，当然是不能公开的，否则会冲击社会的道德风尚、公序良俗。但是能不能因此就禁止性行为呢？显然是不可以的。所以，这种理由不攻自破。

废除死刑的第四个理由：死刑没有威慑力。

反对死刑的人说死刑是没有威慑力的，不过我想反问一句，当我们说没有数据能够证明死刑是有威慑力的，其实同时这句话也正好说明，同样没有数据能够证明死刑是没有威慑力的。现在真正的问题才出现，当两派观点都没有实证数据支撑的时候，是应该支持废除死刑的论点，还是支持保留死刑的论点呢？

我们先来分析所谓威慑力的问题。

威慑影响的是习惯的形成而非习惯本身。比如，我一开始是合法的公民，从来没有任何犯罪的念头，当有一天突然发现盗窃是要被判处死刑的，我就会在心里形成一个信念——将来绝对不能盗窃。所以在习惯形成之初，这个威慑的作用是非常大的。但是你一旦形成盗窃的习惯，再看到死刑的处罚时，死刑的威慑力就大大降低了。所以，当我们说死刑是否有威慑力的时候，一定要看针对什么对象而言，是针对犯罪习惯的形成有威慑力，还是针对犯罪习惯的持续有威慑力。

很多反对死刑的论者，他们论证的重点是，死刑对惯犯是不起作用的，即便惩罚再严重，他们仍然会铤而走险，实施犯罪。这种观点所犯的就是上述逻辑错误。即便死刑对惯犯不起作用，但是对初犯却极具威慑效果。死刑废除论者故意偷换概念，这个理由也不能成立。

还有第二个层次，威慑力是一个比较的概念。

据历史资料记载，18世纪的伦敦，治安状况非常恶劣，在公开对盗窃犯执行死刑的时候，围观的人群中可能也正在发生多起盗窃行为。你看，即便绞刑发生在盗窃者眼前，也没有威慑住盗窃行为，所以，废除论者就得出结论：死刑根本无法威慑犯罪。

这个观点看似非常雄辩啊。但是，这真的是因为死刑无法威慑犯罪吗？不，威慑力是一个比较的概念，这个例子只能说明当时的人们已经相当的穷困，是人们对穷困的恐惧压倒了死刑的威慑力，而不是死刑没有威慑力。换句话说，如果没有死刑存在，会有更多人实施盗窃。所以，简单地认为死刑没有杜绝犯罪行为的发生就认为死刑没有威慑力，这种推理是站不住脚的。

不仅如此，讨论死刑有没有威慑力，还要注意参照系问题。也就是说，我们应该讨论的是死刑是不是比其他刑罚更有威慑力，而不是单纯地探讨死刑有没有威慑力，这是完全不同的两种论证理路。

比如，美国已经废除死刑的缅因州和佛蒙特州的谋杀率，比保留死刑的得克萨斯州、弗吉尼亚州、佛罗里达州低得多，所以有人就得出结论，认为死刑并不能威慑犯罪。但是这种比较毫无意义，因为影响两个州的犯罪率的因素绝对不只是死刑，还有失业率、收入分配状况、年轻男子的人数、不同种族人口的比例、警察的数量、破案率，甚至气候与犯罪率都有某种程度的关系，比如气温较高的热带州，因为女性穿着较为暴露，性犯罪就会明显高于其他北部州。所以，这种貌似科学的比较实际上非常不科学。

那么，我们应该怎么做呢？

第一，我们应该对某一个州废除死刑前和废除死刑后的犯罪率变化进行比较，因为一个州的人口构成率、失业率、警察数量在一定时间内是稳定的，在保持这些参数不变的情况下去纵向比较，至少会比横向比较不同州的犯罪率要更为科学一些。但是，也仅仅是更为科学一些而已。某些地区虽然有死刑存在，但犯罪并没有减少，或者死刑废除以后犯罪也并没有增加，我们仍然用这个方法来论证死刑没有威慑力，其实也不一定有说服力。因为一个国家或地区通常都是在治安良好的情况下废除死刑的，所以废除死刑的一段时间里犯罪不会显著增加。相应的，如果这个地方有一天突然恢复死刑，一定会是在治安状况很差的情况下进行的，所以恢复死刑的一段时间内犯罪没有减少，这也不足为怪。

所以，在一个非常短的时间范围内去考察犯罪率的变化和死刑威慑力之间的关系，其实并不科学。这里面涉及的因素太多了，我们千万不能因为进行了实证研究，就觉得自己掌握了真理。

第二，我们要对判处死刑后有没有实际执行进行比较。有的时候不是立法上有死刑就有威慑力的，恰恰相反，执行比例和执行时间才是死刑有没有威慑力的决定性因素。如果一个国家死刑判决的救济程序非常发达，以至于最后几乎所有的死刑判决都会被推翻，那即便行为人被判处了死刑，威慑力又能体现在哪里呢？

所以，讲到这里我想说的是，利用实证研究去判断死刑究竟有没有威慑力，这几乎是个根本不可能完成的任务。实证研究也不能保证我们就更接近真理。有的时候可能正好相反，恰恰是因为自己作了调研，反而让我们更加容易坚持偏见。

盲人摸象，就相当于进行了实证调研，但我们却不能说自己掌握了全部的真理一样，局部的经验并不能直接适用于整体，真实的数据也不等于真理本身。所以，窥斑只能览斑，窥斑怎能览豹？否则，这和盲人摸象有什么区别？

讲到这里，你可能会问：那到底有没有一种比较科学的比较办法呢？

我推荐一本书，《死刑论辩》。该书记录了美国一个支持死刑论者哈格教授和一个废除死刑论者康拉德教授的对话，详细地展开了双方各自的观点，论证针锋相对，非常经典。

哈格博士认为，目前看来，只有一个比较办法是最准确的。假定某一地区法律规定，在周一、周三和周五这三天谋杀，罪犯一定会被判处死刑。而周二、周四和周六这三天谋杀，就不会被判处死刑，而是会被判处终身监禁。

首先，由于这种比较是在同一地区展开的，所以其他因素都是相同的，只有死刑这一关键变量不同。

其次，比较的时间是在一周之内交错进行，犯罪率基本稳定，因此也不用考虑治安状况的好坏。所以，这个实验等于控制住了其他所有变量，然后把这些处罚的差异全部告知社会，再去看谋杀率在这一周内的变化，看谋杀犯得到这个价格信号以后，会选择周几去谋杀，这样我们就能知道到底死刑的存在能不能威慑犯罪了。

在哈格看来，除了这样来设计实验，其他实证研究都是胡扯。

反观我们的实证研究，经常就在上海选一个样本，湖北选一个样本，然后在青海选一个样本，其潜在的理论预设就是经济发展水平（发达、比较发达、欠发达）会对调研的问题产生实质性的影响。长期以来，我们几乎所有的调研都是按照这个预设来选择样本地区的。

但实际上这个参考样本的选择问题非常之大！经济被我们作为唯一的考虑因素，但实际上我们还应考虑很多其他因素，比如，政法委书记是否还担任常委？这么重大的政法体制对调研对象难道没有影响吗？难道只有经济才会发挥制约作用吗？我们在作调研的时候，几乎从来不会对这些问题进行反思性调整，导致实证研究后离真相反而越来越远。

所以说，死刑的威慑力其实是一个很难科学化的问题。自然科学、逻辑学、统计学往往没办法证实我们常识认为正确的东西。

尽管哈格博士提出了一个所谓完美的调研方法，但谁都知道，这不过是个玩笑，是根本不可能操作的。

其实，对于普通百姓而言，死刑的威慑力几乎可以诉诸常识加以论证。这不是明摆着的吗？判处死刑当然比判处 10 年有期徒刑更有威慑力啊！判处 10 年有期徒刑当然比判处 5 年有期徒刑更有威慑力啊！鞭刑 50 下当然要比鞭刑 5 下更可怕啊！这个还需要逻辑证明吗？

废除论者可不这样认为，他们反驳说，鞭刑 50 下比鞭刑 5 下当然更可怕，但鞭刑 100 下就不一定比鞭刑 99 下更可怕了。这里存在边际效益递减的原理。死刑也是一样。反正死猪不怕开水烫了。因此，与终身监禁比较起来，死刑并不会产生更大的威慑力。所以，问题的关键是把死刑和什么刑罚放在一起比较。

这种论证也存在问题。如果在死刑和终身监禁之间真的无所谓的话，我们又怎么解释很多被判处了死缓或无期徒刑的被告人不断上诉、申诉希望挽回生命的现象呢？

所以，不论死刑和终身监禁多么接近，它们毕竟属于不同种类的刑罚，不能适用刑罚边际效益递减的原理来论证死刑没有威慑力。

而且，如果按照废除论者的逻辑，只要我们不能证明死刑比无期徒刑更有威慑力，因此就要废除死刑的话，我们同样可以继续推理下去，我们也无法证明无期徒刑比 10 年有期徒刑更有威慑力，那是不是也要废除无期徒刑呢？以此类推下去的结果，我们难道是要废除所有刑罚制度？

最后一个层面，威慑力其实是一个乘积的概念。

我们一直说治乱世要用重典，只有加重刑罚，才能威慑犯罪。之前我们理解所谓的乱世，就是治安状况恶劣，实际上，在我看来，所谓的乱世，还有一个维度，就是破案率低。

从这个视角来看，破案率低的时候，刑罚量就一定要加大，才能保持刑罚的威慑力。

这个道理很简单，比如，当一个犯罪发生后被发现的概率为50%的时候，和一个犯罪发生后必然被发现和惩罚的时候，你觉得这两种情况究竟该如何配置刑罚，才能让刑罚对二者的威慑力保持相当呢？

显然，当破案率低的时候，刑罚应该配置得更高才能威慑犯罪。

所以，治乱世用重典，这句话讲的其实是一个威慑力的乘积公式。

威慑力＝惩罚概率（乱世）×刑罚量（重典）

我们可以联想一下，有一段时间朋友圈里疯狂转发的要求对拐卖儿童的罪犯一律判处死刑的文案，看起来是在要求重刑，实际上是对这类犯罪发现率低、破案率低的一种民意反弹。

废除死刑论者的第五个非常重磅的理由：人性尊严理论。

他们援引康德的理论：人绝不能用来作为促成其他人目的的工具。

比如著名的电车难题。康德主义者就会认为，无论任何情况发生，都不能以牺牲任何人为手段去拯救其他人。哪怕这样做实现的利益更大也不可以。

这个理论是否无懈可击？

不，他们篡改了康德的原话："人绝不能仅仅用来作为促成其他人目的的工具。"注意，这里的"仅仅"是关键，但却被死刑废除论者有意地抹掉了，这个"仅仅"说明什么呢？我们想想看，人在世界上难道不能被当作工具使用吗？

其实每个人每天都在被当作工具使用，比如你打车的时候，司机不就是你的工具吗？你学习知识的时候，老师不就是你的工具吗？你去听书的时候，知识付费App不就是你的工具吗？但问题是，他们并没有"仅仅"作为你的工具而已，他们被你当作工具使用是你们彼此都同意的，你是付了钱的，是合法的，对方也乐意。

所以，康德真正反对的是，没有征得他本人的同意就把他作为工具对待。

电车难题中的胖子，我们在没有征得他同意的情况下就把他推下桥去，挡住列车前行的道路来拯救其他人。但问题是，这个牺牲并没有经过胖子的同意。这才是关键。所以死刑论者搬出的康德理论也是有逻辑漏洞的。

那么，谋杀犯同意自己被当作工具了吗？

死刑废除论者会说，他当然不同意自己被判处死刑啊。

但是，不接受惩罚等于不同意惩罚吗？

当初在他选择犯罪的时候，就等于同意接受被惩罚的风险。他选择实施犯罪，就等于默认了将来承受处罚的风险，这和被定罪后罪犯是否同意接受惩罚是两个概念。

这叫提前的默示同意。

就好比一个人在选择做警察的时候，就已经提前默示同意，在发生紧急和危险情况的时候，他有义务挺身而出。在当年穿上警服的刹那，警察就已经提前预知并承担了这个风险，就不能埋怨任何人让你挺身而出，并且付出生命的代价。这种对职业风险的提前概括接受和做了警察面对歹徒后，愿不愿意付出职业风险是两码事。

所以，死刑废除论者援引康德理论的论证也宣告失败。

废除死刑论者的第六个理由：为了避免冤案，因为一旦错杀，无辜者将永远不能复活。

康德说死刑的唯一正当性就是它的公正。这是支持死刑的理由，也是反对死刑的理由。而因为死刑判决并不总是公正的，而且错杀以后人永远不能复活，所以死刑应当废除。

这是死刑废除论者最为有力的理由，但同样不是没有漏洞。

因为这个论证最终导向的结果不是废除死刑，而是法官要更为慎重地判决和适用死刑，是更为负责地提高死刑案件的证明标准，提高死刑案件的办案质量。

你看，分析到这里，死刑废除论者的诸多立论在逻辑上都大有可商榷之处，只要我们把思维细化，就能得到更多关于社会热点辩论的崭新认知，从而大大提高我们在面对政策辩论时的思维能力。

ped
11 无罪推定原则的迷思

〔美〕米尔吉安·R. 达马斯卡：《比较法视野中的证据制度》，吴宏耀、魏晓娜等译，中国人民公安大学出版社2006年版。

从进入法学院的第一天开始,老师就告诉我们法律人应当建立起自己独特的思维方式。无罪推定的思维就是其中一例。所谓无罪推定,是指未经法院依法审判,任何人被推定为无罪的状态。

从接触这一原则的第一天开始,我们就把证据不足犯罪嫌疑人应当无罪释放奉为金科玉律,并将英美法国家视作贯彻这一原则的典范。直到有一天,我看到了一篇论文中刊载的一个案例,让我开始对无罪推定原则产生了反思。

案例如下:

> 某城市巡警在午夜时分发现一形迹可疑的男子,该男子在自行车后座上放置了一个麻袋,巡警在拦截检查之后发现,麻袋里装的竟然是一具裸体女尸。在接受盘问的过程中,男子解释说,自己习惯于在夜间去附近的垃圾堆捡拾物品,这次他本以为麻袋里装了一些值钱的东西,想先拖回家再仔细检查,没有想

到里面竟然是一具尸体，自己对此毫不知情。巡警认为这一辩解明显不合常理，于是将其带回公安局。经讯问，该男子承认自己杀人的犯罪事实。在审判阶段，被告人在法庭上突然翻供，声称之前的有罪供述是警察刑讯逼供的结果。经法庭调查，本案除了被告人口供笔录和证明被告人在半夜骑车驮着一具女尸的材料之外，确实没有其他任何能够证明被告人杀人的证据，而且警察刑讯逼供的行为确实存在。

如果你是法官，会如何判决？

在这篇论文中，作者对美国法官进行了访谈，得到的结论让我非常意外。

美国法官认为，在本案中，被告人的辩解明显不符合情理，一般人不可能在扛起一个装有尸体的麻袋时丝毫感觉不到异样，也更加不可能在半夜驮运尸体，被告人的辩解没有任何理性根据，因此不构成合理的怀疑，按照英美"排除合理怀疑"的证明标准，本案是可以给被告人定罪的。尤其是在陪审团制度的背景之下，陪审团对事实问题的裁定不需要说明理由，所以，定罪是完全有可能的。

当时读到这里的时候，我就有满腹的疑惑：为什么贯彻无罪推定原则更加彻底的美国，居然对本案作出了定罪的判决，说好的无罪推定呢？

要回答这一问题，恐怕要从历史上寻找答案。

我们先来看看古罗马法时期。

早在古罗马时期，当时的罗马法就规定了"有疑，为被告人利益"的原则，体现了对被告人权利的保障。

但是，将这一原则直接和无罪推定原则相等同却是仓促和危险的，古罗马法并没有规定在存在疑问或被告人罪行无法得到证明时应当作出无罪判决，恰恰相反，规定了只要获得陪审团的多数同意就可以作出有罪裁决，如果票数相等才可裁决无罪释放。可见，当时的无罪判决有着独立的操作标准，并非只要不能形成有罪判决，犯罪嫌疑人都应予以无罪释放。对于那些既无法确定有罪也无法确定无罪的案件，古罗马法律规定了一种介于"有罪判决"和"无罪判决"之间的判决形式，即以"案情不清"形式所作出的"证据不足"（或称"未得到证明"）的裁判。作出这种裁判后审判即宣告无效，必须重新审判，而且裁决之后不许上诉。

从这些规定中我们可以明显看出，古罗马时期对于无罪判决采取了一种极为谨慎的态度和立场，尽管立法者已经在证明标准的问题上充分考虑到了被告人的疑点利益，但是为了控制犯罪和保卫社会，法律又专门对疑罪案件采取重新审理的态度，以防止错误释放犯罪嫌疑人，这种态度和做法并不像后世所认为的那样，疑罪皆作无罪处理。可以说，这种疑罪的处理机制实际上是在有罪推定和无罪推定之间所作的一种巧妙的平衡，以同时维护被告人的权利和社会的安全利益。这种法律思想在罗马—教会法形成初期得到了延续。

美国著名刑事诉讼法学家达马斯卡教授在其《比较法视野中的证据制度》一书中指出，与后来的实际情况相比，早期法官可能有更多的机会对犯罪作主观定罪。"在罗马—教会法产生之初，当'良心'告诉法官他必须惩罚被告人，而法律并未规定此种情况下的法定刑罚时，通常的解决办法是定罪并处以较轻的刑罚。"拉丁语中有"唯恐犯罪不受处罚"（ne crimina maneat impunita）的法谚，反映了当时人们对于社会防卫的重视和释放罪犯的恐惧。而这种在"证据不足"时作出的有罪裁判本身，就是留有余地的裁判，其本质就是对法定证明标准的降格适用。

接下来就是神示证据制度时期。

在古代的神示证据时期，裁判者以水审、火审、十字架证明等愚昧和野蛮的方式证明案件事实，因此，学界认为，神的启示就是当时诉讼证明的证明标准。

但笔者并不认同这种观点。

其实，即使是在神示证据时期，神判也并非诉讼证明的唯一形式，相反，与神判并存的还有很多种理性证明形式，如书面证据或证人证言，或者某种形式的咨审调查等，神判只是在传统言辞证明方式无法进行时的一种必要补充和替代。

邦吉特教授在对10世纪到13世纪法国世俗法院的研究中指出："至少与涉及协议、仲裁、证人或决斗的大量文献相比，对神判的提及相当罕见。"《萨利克法典》中，提及神判与提及证人的比例为 1 : 6。1230 年的《萨克森明镜》则规定："除非没有其他方式可知悉真相，否则在任何案件中使用神判皆属不当。"

可见，神的启示与其说是一种证明方式，倒不如说是一种裁判方式更为准确。当时对于有罪的证明要求并不像我们认为的那样低，相反，证明标准的设置体现了一定的保护人权的要求，因此证明难度较高，尤其是某些隐秘性犯罪，裁判者更加无法获得法律所要求的目击证人的证言，如果裁判者严格按照证明要求进行审判，定罪就会存在相当的困难，而一旦证明无法完成，裁判者出于社会防卫的考虑又不能轻易地释放被告人，于是就会根据案情的需要自由选择某种替代证明的方式以规避证明标准的过高要求。在指控仅仅具有某种怀疑而没有充足证据时，裁判者往往就会运用神判的方式加以解决。

可见，即使是在神判时期，裁判者实际上也并不能随意启动神判，而只能在特定种类的犯罪或存在相当的怀疑但又无法形成确信的案件中加以使用。神判"证明"仅仅是在理性证明方式无法完成时，对危害较大、对被告犯罪存在合理怀疑但却没有充足证据证明时的一种补充方式。可以说，这种仅仅适用于特定案件类型和特定场合下的神判方式，实际上就是一种对证明标准的降低甚至是规避，一种防止将有危险性的被告人无罪释放的"正当化手段"，是在权利保障和社会防卫两大政策目标之间所作的一种必要的平衡。

到了法定证据制度时期情况又变得如何了呢？

这一时期，证明标准规定得甚至比以往任何历史时期都更为严格。可以说，法定证据制度的本质就是严格的证明要求。比如，刑事案件的证明标准必须达到清楚明确的高度确定性，死刑案件还必须取得嫌疑人的口供才能判处死刑。起诉方必须就其指控提出"完全的证明"，他所提供的证据必须"像正午的太阳一样清晰"。在这种证明标准的要求之下，如果严格加以贯彻的话，裁判者将很难作出有罪判决。这种严格的证明要求看似非常有利于被告人权利的保障，由于定罪难度的增加，裁判者应当会大量地减少错误定罪。

但事实情况并非如此。法定证据制度所规定的严格的证明标准，使得失去神判制度的诉讼证明活动变得十分困难，因此，在法定证据制度时期，为了有效打击犯罪，防止错误释放罪犯，法官普遍规避和减低法定证明标准，在达不到证明标准时对被告人从轻判决。"温和的刑罚开辟了一条中间道路，当法官不能收集到充分的法定证据，但是主观上已经认为被告人犯罪时，法官不再被迫作无罪判决，他们能够对被告人定罪并处以温和的刑罚。"

以死刑和巫术这两类严重犯罪为例。在死刑案件中，尽管死刑案件具有最高的证据要求，但是13世纪的学者仍然认为仅仅根据间接证据仍然可以判处死刑，书中引述意大利罗马法及教会法学者甘迪努斯（Albert Gandinus）例举的帕尔马的一个判决，说明对杀人罪被告人可以不用充分的证据就可以对其定罪。

更为重要的是，达马斯卡教授揭示：这种情况在意大利并非个例，而是实践中相当普遍的一种做法，在证据不足时，犯罪嫌疑人不会被无罪释放，而是会被判处罚金。诚如达马斯卡教授所言："无论在法官确信的情况下，还是在法官只是认为有犯罪可能的情况下，都会适用温和的刑罚，审问法官能够明确地区分不可挽回的血腥制裁和稍温和的制裁。用现代裁判行话来讲，惩罚的严重程度决定了可容许的误差范围。"

此外，当法官考虑到被告人的危险性，但不能确定他是否实施了被指控的犯罪的时候，温和的刑罚所要求的证明标准，是不可能达到确定有罪的程度的。可见，法定证据严格的证明标准实际上并没有在实践中得到严格的贯彻，而是出于某种刑事政策的考虑被普遍地予以降格适用，从而形成了表达与实践的悖反。

正是这种在未达到证明标准时疑罪从轻的实践做法逐渐盛行，表面上严格控制法官自由裁量权的法定证据制度才最终丧失了其生命力，并最终为自由心证制度所取代。自由心证制度将评判被告人有罪与否的任务交给了法官，而不用受制于烦琐僵硬的证据规则。"内心确信"的证明标准由此得以确立。

与自由心证一并得以确立的还有启蒙运动时期的重要理论成果——无罪推定原则。

该原则要求：一切未经合法有效的证明"确信"为犯罪的行为，都不得被施加任何刑罚，而行为人应当被推定为无罪之人。由此，疑罪从轻这种比例认定的裁判方法得到了理论层面上的清算，法官不能仅仅根据怀疑或不确定性的证明对被告人处以刑罚。证明标准似乎再一次失去了闪转腾挪的空间。

但真实的情况并非如此，正是"内心确信"这一强调裁判者主观判断的证明标准使得证明标准的模糊性更为突出，也使得裁判在逻辑法则之外得以融入裁判者个人的经验法则甚至是情理推断。因此，尽管法律坚决反对疑罪从轻的做法，但由于这种模糊证明标准的存在，使得人们很难质疑法官内心的确信状态，证明标准由此获得了一个弹性范围更广的适用空间，可以在保障人权和社会防卫两种诉求之间保持另外一种巧妙的平衡。

历史事实也证明了这一点，即使在自由心证和无罪推定的制度环境下，司法实践仍然充斥了大量在无法达到证明标准时从轻处理的做法。法官仍然倾向于把案件事实的不确定性转化为减轻处罚，疑罪从轻的做法在实践中并没有绝迹。正如福柯所言："实际上，在内心确信原则背后，如同在古老的法律证据体系中一样，有一种实践继续根据证据的不确定来调节处罚。"它并没有因为证据裁判主义和无罪推定原则理念上的先进而自动退出历史舞台。司法者拥有一套心照不宣的裁判逻辑。这种情况不仅仅发生在大陆法系国家,实际上,即使是最为注重保障人权的英美法系国家也并没有对无罪推定给予机械的理解和适用,一旦某人涉嫌犯罪,刑事司法制度总是更倾向于定罪而不是释放。

比如,1901 年,英国一位名叫阿道夫·贝克的人涉嫌诈骗,在该案的审判中,控方证据存在 20 多处疑点,但被告人最终还是被法庭定罪。之所以如此,是因为控方认为,被告人有过犯罪前科,因此他是否承认自己实施了被指控的犯罪行为反而并不重要。这一判决并非一个孤立的事件。1953 年,英国一名 19 岁智障男孩被指控与另一被告人共同抢劫一仓库,并开枪打死一名警察。该案指控该男孩参与谋杀的证据存在诸多疑点,但是法官出于一种对充满反抗精神的失业青年的恐惧心理,最终还是将其定罪。

可见,即使是在英美法系国家,出于对错误释放的深层恐惧,法官对法定证明标准的降格适用也是一个普遍的现象。

人权保障之外,还有保护社会这一刑事司法必须实现的潜在利益,在不可见的地方左右着原则的适用和异化。

12 判决书中的猫腻

〔美〕理查德·A.波斯纳:《法律与文学》(增订版),李国庆译,中国政法大学出版社2002年版。

前些年，国内学界非常热衷于讨论判决文书的说理改革，这场轰轰烈烈的讨论当中，其实隐藏了一个共识性的前提假设：说理的判决才是且一定是正当的判决，会增加裁判的可接受性。

本文试图从判决说理的修辞技巧的角度挑战这一前提：判决说理了就一定正当吗？

为了方便，我们可以把说理分为事实认定部分的说理和法律适用部分的说理，与之对应的分别是关于判决事实认定部分的"认知性修辞"和判决的说理论证部分的"说服性修辞"。

我们先来考察判决书的认知性修辞。根据汪世荣《中国古代判词研究》一书，中国古代倾向于把判词作为一种文学作品加以制作，以增加判词的可读性，但也带来了很多的流弊。

第一种方法，模糊表述。

当年在媒体上闹得沸沸扬扬的辽宁刘涌案件，一审被告人被判处死刑立即执行，在二审阶段，辩护律师田文昌指出，本案侦查阶段存在刑讯逼供的可能,应当排除非法证据,辽宁省高级人民法院采纳了这一辩护意见,改判死缓,但在判决书说理的部分,却是这样表述的:"鉴于本案具体情况,判处被告人死刑缓期两年执行。"你看,判决书通过"本案具体情况"这一模糊措辞,实际上对刑讯逼供是否成立并没有作出明确的认定,而是直接给予了被告人量刑上的折扣。法院往往会用一些模糊的表述来回避一些真正敏感的问题,从而在法律适用问题上暗度陈仓。

再来看第二种方法,直接改写。

古代一州官在审核一起死刑案件时贪赃枉法,将判词中"用铁锹致乙死亡"加了一笔,改为"甩铁锹致乙死亡",一字之改,将本来十分严重的故意杀人变成了性质不太严重的过失杀人,从而达到了开脱罪犯的目的。这样的例子并不为古代所独有,河南省高级人民法院在曹海鑫一案的二审判决中言之凿凿地对一审判决加以肯定,但又偷偷地在自己的裁定书里移花接木,对一审判决的关键表述作出修改。这种由于经办人员一字之差、一语之误造成事实认定的大相径庭,甚至铸就大错,枉法裁判的例子在整个司法裁判史上屡见不鲜。究其原因,中国古代的判决更加强调的是"事理",而非"法理",故司法官员更加注重事实情节的修辞,而不像西方国家的法官一样注重法律理由的修辞。这就导致中国古代判决的修辞艺术必然更多地体现在对于案件事实的修改和掩饰上,只要事实被修正了过来，则不必过多地阐释法理，判决亦可顺理成章地具有了合理性和合法性。古代司法仅要求叙明事由，而无须阐明法理之判决，必然为官员出入人罪大开方便之门，他们堂而皇之地大笔一挥，亦无须加以任何掩饰。

第三种方法，调整语序。

汉语中词序不同往往会产生不同的含义。比如，你长得和刘德华很像，以及刘德华长得和你很像，其实意思相同，但却蕴含着不同辈分的潜台词。再如"不很注意"与"很不注意"在形容一个人的过失的程度上就具有很大的差别。再比如，一起强奸案的判决书的判决理由这样写道："本院认为，被告人无视国法，多次采用诱骗手段奸淫幼女两名，又四次翻墙入院，夜闯民宅，采取胁迫、麻醉等手段，强奸妇女两名，罪行情节特别严重，已构成强奸罪。"其中最后一句给人以"情节严重"是强奸罪构成要件，即只有情节严重才构成犯罪的印象，应该改为"其行为已构成强奸罪，犯罪情节特别严重"。一些判决文书的制作者往往利用这一现象通过判决书的词序的安排与变化而达到其不可告人的目的。如清朝末年江苏常熟县有一伙纨绔子弟，每当夕阳西下之时便在虞山的风景名胜石梅风景区内策马急驰。其中一个姓周的公子马术不精，策马狂奔而伤人致死，其父买通小吏，小吏将文书中的"驰马"改为"马驰"，从而将一起犯罪事件变成了一场意外事故。

认知性修辞的第四种方法是委婉措辞。

比如某一刑事判决书这样写道:"王某某跟胡某某去过杀人现场。"这句话中用了一个兼类词"跟",它既属于介词,也属于连词。判决书中的"跟"如果看作连词,则主语就是"王某某跟胡某某"这个词组,因而,"王某某"就是杀人的犯罪嫌疑人之一;而它如果在句中是作介词使用,"王某某"就是主语,"跟胡某某"就是状语,"跟"表示跟随的对象,那么"王某某"充其量就是个从犯。正是由于"跟"具有这种语义的模糊与两可,法官才选用了这个词而没有用有着确切含义的连词"和",从而为后面的定罪量刑埋下了伏笔。又如在某著作权侵权纠纷案件的审理中,原告诉称被告抄袭剽窃其作品,而被告则辩称自己只是"使用""引用",在双方均无确凿证据支持的情况下,为了绕开这一事实争议,法官在判决书上判被告败诉的同时又将被告的行为描述为法律含义极为模糊的"抄用",以"抄用"一词来描述被告的行为,而又以"抄袭"来追究被告的法律责任,这种在事实和法律上"各打五十大板"的做法正是判决文书中模糊措辞的恶果。法官在这里明显违背了法律领域中选用词语的规范,模糊了事实争议。

还有第五种方法,激发想象。

1999年出版的《刑事法评论》(第3卷)集中刊发了很多著名学者关于宋福祥一案的分析文章。宋福祥与其妻李某因关系不和争吵撕打,在争吵撕打过程中,李某自缢身亡。一、二审法院均认为宋福祥因负有救助义务而不作为,被定为故意杀人罪,处刑4年。在判决中,法院十分强调宋所应负的"特定义务",判决书极力为我们描绘这样一幅特定的图像:平日夫妻恩爱、美满的生活场景,只有夫妻两人在家的特定环境,突然因夫妻发生争执而被迫中断和破坏,两人关系发生了质变,妻子又哭又闹,寻找绳索欲图自杀,丈夫开始还温言相劝,藏起了绳索,妻子却不为所动,继续闹着要自杀。而此时,丈夫却离妻子远去。妻子万念俱灰,在找到绳索时,悲愤地上吊自尽。在这份判决中,法官正是通过对事实的文学性描述刺激了读者的想象力,并诱使读者根据这种想象,自主构建了案件事实。作者生产文本,而读者则生产意义,法官正是通过判决文本的修辞技巧使阅读群体完成了对案件事实的想象性重构,完成了这一"客观事实"向"主观事实"的转变。也正是这种想象使法院最后对宋福祥的判决符合了公众的情感预期而被欣然接受,公众拍手称快。

最后一种方法,流于苟简。

一起因为恋爱不成反目成仇的案件事实是这样的:一日男青年嘴叼烟卷身背挎包(内装炸药与导火索)闯入某女青年家,并以用烟头点燃导火索,试图威胁逼迫女青年与他外出。女青年在被迫与他外出过程中遭其强行奸污。该案审理过程中被告人供称自己也怕被炸死,所以只是用叼着的一头比画了一下,并没想真点,而女方及其家人则因为当时情急之下惊慌失措,加之灯光昏暗,没有看清被告人究竟是用哪一头点的。

关于这一情节，该案审判人员草拟判决书时认定为"作出要点燃的动作"，也就是说，不管被告人是用哪一头点，总之是因为这个动作才迫使女青年随其外出，这一点是肯定的。但遗憾的是，该院主管领导在审批判决书时认为这样表达过于啰唆而改为"妄图点燃"四字，如此一改，简则简矣，但却与事实大相径庭。因为"妄图"只是心理活动，没有外在表现的动作就构不成对女青年的威胁，这么一改，女青年与其外出就并非遭受胁迫了，这一改动客观上起到了为被告人开脱的作用。

下面我们再来看看关于法律适用部分的说服性修辞经常出现的猫腻。

最常见的莫过于适用法律的模糊引证。

某法官在判决书中为了支持自己的不当判决，居然"引用"根本不存在的"新闻法"作出了判决。在司法实践中，这种模糊引证的方法还表现为：法官往往在涉及多个被告人的案件当中不论主从、成年未成年、自首不自首，最后只是在判决书中总引一笔："根据我国《刑法》第 14 条、第 22 条、第 34 条、第 54 条、第 123 条、第 145 条之规定，已构成犯罪，判决如下……"这种模糊引证法律的判决方式往往会为枉法司法提供保护色，法院借以蒙蔽对于法律知之甚少的当事人。此外，对于当事人双方争议较大的证据的采信问题，法官也往往不予说明采信与不采信的理由，不予展示自己认定证据的心证过程，而是以一句简单的"对该证据不予认定""辩护意见纯属狡辩，依法不予采纳"等这种"修辞性技巧"来逃避自己的责任。

还有一种常见的手法，就是对疑点事实作排斥性处理。

在一起关于淫秽物品的案件中，法官无法解释自己认定淫秽物品的标准，于是便作了这样的处理："当我看到它我就知道它是淫秽物品，而本案中它并不是。"法官通过含糊其词的逃避化解了面对棘手法律问题的尴尬。英国也曾有过这样一个判例，17岁的珍尼特患有精神障碍，她因不愿受孕而向法院申请做绝育手术（一个先例认为绝育手术剥夺了妇女生殖的基本人权而驳回了此类申请，所以珍尼特要施行这类手术必须谋求法院批准）。法官认为，怀孕与分娩会给珍尼特的心理和身体健康造成灾难性打击，采取绝育措施是保护她的最好办法。在判决意见中，法官并没有深入讨论有没有办法使珍尼特学会诸如避孕等有关性方面的知识，而是断然认为"以任何抽象的形式教给她有关性的行为都是不可能的"，并没有附加任何解释。至于本案涉及的另一个重大而敏感的问题，因珍尼特本人患有精神病而产生的优生学问题，则更是在判决开头"本上诉案无论怎样都与优生学无关"的声明而被简单粗暴地排除在了案件之外。

你看，我们经常用以上这些非逻辑、非经验的说理，但这些修辞和论证的本质目标——"理性说服"直接抵触，所以我们在判决书中一定要找到法官说理的策略，对非正当说理加以认识和研究，很多案件的判决，都存在以上类似的不当论证和逻辑断裂。

不容否认，在很大程度上，判决本身也是讲故事的一种特定形式，它需要通过对事实和说理两部分的修辞来达到更好的说服效果。正如波斯纳在《法律与文学》一书中所说，亚里士多德使用"修辞"这个词来指代那些"无法进行逻辑或科学证明的辩论领域或探索领域中的所有说服性手段"。但是，由于修辞往往是一种非逻辑的、非经验的、非科学的说服方法，而判决在修辞的过程中又恰恰为说服披上了逻辑、经验与科学的外衣，在判决理由并不充足或并不显见的情况之下，修辞可以使判决的合法性得到较小成本的补强，但在判决理由并不存在或即使存在但并不正当的场合，这种修辞对于法治的危害则是潜在的，同时又是巨大的。因为"任何案件的'修辞'——如何才能最有说服力地予以表达——都不可能同案件的'长处'即相关论证的理性力量相抵触"。

所以，我们应该通过判决的修辞技术去倡导制作更加符合判决内在规律和正当要求的规范、科学的法律判决，同时，也要通过对不当修辞的研究与描述去揭示并遏止掩藏在修辞外衣下的司法腐败。因此，如何通过正当的修辞使判决获致正当性而将不正当的修辞摒弃于判决之外，并由此制定出遏止甚至杜绝司法腐败的现实性策略，则是学界今后需要努力的方向。

13 你有权焚烧国旗吗?

任东来、陈伟、白雪峰等：《美国宪政历程：影响美国的25个司法大案》，中国法制出版社2004年版。

我们都知道，美国的国歌叫《星光灿烂的旗帜》（也称《星条旗》）。全世界用国旗来做国歌的国家其实并不多。今天我们就来聊一聊有关美国国旗的故事。

1

美国有一个城市叫巴尔的摩市，东南部有一个叫麦克亨利堡的地方，建在一个小半岛上，那是一个平面呈五角星状的要塞，扼住了进港要道。第二次美英战争（也就是第二次北美独立战争）期间，美国人用麦克亨利堡作为前哨阵地来抗击英军。1814年，英国舰队直扑麦克亨利堡，昼夜连续猛轰此堡。

这个时候，有一个名叫斯科特·基的美国律师乘船到了英舰，交涉释放被扣留的美国平民。他目击了英军炮轰麦克亨利堡以及美军英勇抵抗的惨烈画面，忧心如焚。在1814年9月13号的凌晨，他看到一面美国国旗在炮火的硝烟里飘扬，深受感动，随手写下了几行诗，并托人送到了一个名叫尼克尔逊的法官手里。尼克尔逊用一首当时非常流行的曲子作为配曲，同时把这首歌曲取名为《星光灿烂的旗帜》，发表之后很快传遍全国。1931年美国国会正式将《星光灿烂的旗帜》定为美国国歌。而巴尔的摩市的麦克亨利堡就被视为美国国家纪念地和历史圣地。

美国用国旗作为国歌的主题，可见美国人对于国旗的重视程度。美国有50个州和1个特区，其中有48个州通过了保护国旗不受玷污的法律。"9·11事件"以后，美国空前团结，光是商店出售的国旗就至少有两亿面之多。这么热爱国旗的一个国家，如果有一天，有人公开焚烧国旗，美国人又会如何处理这一侮辱国旗的行为呢？

1984年8月，共和党推选时任总统里根竞选连任的全国大会在得克萨斯州的达拉斯举行。里根在第一个任期里，对内杀贫济富，对外扩军备战，一系列激进政策遭到了左派人士的激烈批评。达拉斯大会成了这些人表达不满和吸引媒体关注的大好机会。

一个由百来号人组成、号称革命共产主义青年旅的团体，在一个名叫约翰逊的领导人的带领之下来到了达拉斯。这些愤怒的青年高喊激进口号，用喷枪向沿路政府机构大楼涂上各种涂鸦，肆意破坏草坪和绿树。在路过一家银行时，一名成员拔下门前的美国国旗随手交给了为首的约翰逊。当他们示威来到市政厅前的时候，一起点燃了这面国旗，同时高唱："美国红白蓝，我们对你吐口痰。"

周围的旁观者对于这些狂热示威者的行为敢怒不敢言，其中有一个便衣警察目睹了整个过程，并通过对讲机向警察总部作了报告。警察随后逮捕了约翰逊，并指控其违反了得州一项法案，该法案禁止亵渎包括国旗、墓地等在内的庄严事物。根据该法案的规定，所谓的亵渎，是指行为者明知道破坏行为会严重冒犯那些周围观看到这些所作所为的人，仍然一意孤行。

因此，到底焚烧国旗这一行为有没有冒犯到周围人的心理秩序和公众情感，就成了本案审理的关键。

检察官找到了当时的目击者沃克作为证人。他在事情发生之时一直在现场，而且，在人群散去之后，他还默默地清理了国旗焚烧的残片和余灰，埋在了周围。沃克作证表示，焚烧国旗对自己情感造成了一种严重的冒犯。之后约翰逊被判罪名成立，获刑1年，并被处以2 000美元的罚款。约翰逊不服一审判决，将此案上诉到得州上诉法院。在法庭上他为自己作了这样的辩解："我烧国旗的时候，正值里根被提名为总统候选人。不管你是否同意，我（认为）没有其他任何象征性的言论能比焚烧国旗更为有力地表达我们对这件事的反对态度。这是一种姿态，和我们发表演讲其实是一个性质，你们不要觉得我们焚烧国旗就表示我们不爱国，恰恰相反，焚烧国旗正是一种新的爱国主义的表达方式。"

让达拉斯地方检察官万万没有想到的是，得州上诉法院竟然认可了焚烧国旗的行为构成一种象征性的言论，受到美国宪法第一修正案关于言论自由保护的条款的保护，因而支持了被告人的上诉请求，推翻了一审的定罪。面对检察官和普通民众可能的不满，法官搬出了 41 年前联邦最高法院的一个判例，在该判例中，多数意见支持将向国旗致敬的举动看作一种言论形式而非行为的立场。根据这一判例，政府强迫公立学校的学生向国旗致敬，就等于侵犯了学生的言论自由权。所以焚烧国旗也是一种言论表达，自然应该受到宪法第一修正案的保护。这个案件的检察官不满这一裁决，上诉到联邦最高法院。结果联邦最高法院就把这个案件作为一个契机，发展出了一套有关言论自由的崭新理论。

2

联邦最高法院的法官们是如何裁决和论证这个案件的呢？

在回答这个问题之前，我们有必要先考察一下，在此之前的判例中，联邦最高法院是如何界定言论和行为之间的界限的。

先来看第一个案例：

1949 年，布莱克（Black）大法官就曾经表示应该把言论和行为严格区分开来，并认为，只有言论才应受到第一修正案的保护，如果任意将行为解释成言论进而纳入第一修正案，就会不当地扩大这个条款保护的对象和范围。行为是行为，言论是言论，绝对不能扩张解释。

在 1965 年的考克斯（Cox）一案中，戈德堡（Glodberg）大法官也指出：我们怎么能把游行示威、街头高速公路上设置障碍妨碍交通的这样一种表达意见的方式，和那些纯粹在报纸杂志上发表言论、发表文章来交流意见的方式等而视之呢？前者是危害社会，而后者是纯粹交流意见，怎么能赋予这样两类人以同样的自由呢？

你看，早期联邦最高法院采取了一种严格区分言论和行为的立场。

后来，联邦最高法院意识到这种区分很可能会导致保护范围的狭窄，所以又发明了"象征性表达""传播性行为"等诸多概念来拓展言论自由的外延，以便最高法院把一些想保护的行为解释进言论自由的范畴。

这套逻辑也很好理解，毕竟，焚烧国旗、展示国旗与游行示威这两类行为，还是有所区别的，前者类似于"象征性表达"或者"传播性表达"。把国旗贴在胸前，看似只是一个简单的动作，但是这个动作却可以表达行为人的某种情感，所以可以被视作一种言论表达的特殊形式，因此可以作为宪法第一修正案的保护范围。

联邦最高法院运用这一理论裁决了一系列相关案件。比如，1931 年，一个共产主义青年团的成员，在其组织的夏令营当中要求营员每天升苏联国旗。此案在初审法院审理时被认为违反加州当地法律，但是上诉到联邦最高法院后，最高法院裁定，升国旗是一种象征性的言论，属于传播思想的行为，属于宪法第一修正案的保护范围，因此并不违法，裁定推翻原审判决。

当然，也不是所有的象征性表达、象征性行为都会受到宪法第一修正案的保护。

比如，在1968年的盎布瑞案中，盎布瑞就因为不愿参加越战，焚烧了征兵卡。

按照我们之前分析的逻辑，如果焚烧国旗是一种象征性言论的话，那么焚烧征兵卡当然也不例外。但是当年，以首席大法官沃伦为首的联邦最高法院却以7：1（有一个法官缺席）的绝对优势推翻了上诉法院的判决，裁定盎布瑞有罪。

为什么？

最高法院的逻辑是，尽管象征性言论应该得到保护，但是并不等于不应该对这种保护加以限制。如果说，这个案件当中存在着政府的重大利益，也存在着保护言论自由所带来的利益，两种利益之间就要权衡。

当时，越战是重大的国家利益，如果允许每个人都用这种方式来表达自己的反对立场的话，那国家利益、政府利益将会受到极大的侵害，因此，我们必须对这种保护进行一定的限制。

综上，从认为言论和行为二者应当严格区分，到认为象征性行为应当作为言论自由加以保护，再到应当对这种保护加以限制，我们可以清晰地看出美国联邦最高法院在言论和行为区分问题上，经过了上述三个明显的发展阶段。

3

我们再回到焚烧国旗一案。

案子上诉到联邦最高法院后，开明派和保守派观点针锋相对。

比如，布伦南大法官认为，焚烧国旗这种行为和当年为了反对越战佩戴黑色臂章，和黑人在白人专用区静坐抗议种族隔离没有任何区别，都是一种传播思想的象征性言论，应该作为言论加以保护。

但保守派大法官伦奎斯特则认为，国旗是国家的一种特殊财产，既然是特殊财产，所有拥有、出售和使用它的人都应该有责任去保护它。比如林肯纪念堂，也是一种国家财产，我们总不能在纪念堂里肆意涂抹、损毁，然后说这是一种象征性表达，应当加以保护吧？如果这样的话，那就太荒谬了。而国旗在某种程度上和纪念堂一样，都属于国家财产，都应该受到类似的保护。如果损毁林肯纪念堂要受惩罚的话，那么焚烧国旗就没有理由不受惩罚。

这是双方在第一个层面的交锋。

布伦南大法官又指出，焚烧国旗的时候就相当于在做一个无声的演讲，周围人通过焚烧的动作可以了解行为人所表达的反对政府的政治主张，这个思想因此得到了传播。

但伦奎斯特大法官针锋相对地表示，焚烧国旗不能被认为是一种表达形式,即便可以被认为是表达,将其定性为咆哮反倒更为准确,因为焚烧行为表达的不是思想而是情绪,行为人是在和其他人对抗,而根本没有形成有意义的思想传播。围观群众能从焚烧行为中获知他的哪些具体政治主张和思想观念呢?肯定没有。既然围观者没有获得任何政治抗议的逻辑论证,焚烧国旗就只是一种负面情绪的传递,是一种挑衅性言论,更准确地说是一种亵渎,而根本不是思想的表达。

开明派和保守派意见针锋相对,相持不下。

最后,1988年刚刚由里根总统提名任命的大法官安东尼·肯尼迪站到了开明派一边,投下了关键的一票,联邦最高法院最后以5:4裁定,焚烧国旗的行为应当作为言论自由加以保护。

现在,让我们把双方的讨论深入挖掘下去,看一看他们各自所依据的哲学基础。

开明派支持保护焚烧国旗的行为,是建立在自由主义的哲学基础之上的,他们的逻辑很简单:只有保护言论自由不受干预,才能保证整个社会有更多的思想能够自由地表达。而我们最终可以通过这种思想市场的自由竞争,接近最终的真理。这种理念,按照霍姆斯大法官的说法,就是观念市场的自由竞争。布伦南大法官坚持认为,保护国旗的最好方式,不是禁止焚烧国旗,这样的法律,看似保护了国旗,实际上却损毁了更大的国家利益,让整个社会从此听不到相反的声音。

所以,在自由派法官看来,保护国旗最好的方法是:一方面允许有人焚烧国旗,另一方面鼓励更多人挥舞自己手上的国旗;一方面允许有人焚烧国旗,另一方面鼓励人们向熊熊燃烧的国旗致敬;一方面允许有人焚烧国旗,另一方面鼓励人们庄严地埋葬国旗的余灰。只有这样允许两派观点同时存在,国旗所代表的价值才能真正被体现出来。

对于这样的逻辑,保守派法官当然不会赞成。

他们坚决反对观念自由市场这一理论。

首先,自由市场理论假定所有人都是理性的,然后才能凝聚共识,才能在观念竞争当中找到真正的真理。但是焚烧国旗的这种言论是理性的吗?在这一行为过程中,我们只能看到行为人和围观者非理性和煽情的一面,因此无法通过和其他观念理性竞争而发现真理。

其次,期待通过观念市场的自由竞争最终发现真理、凝聚共识的观念,不知要让人类付出多少额外的代价。对于一些明显没有任何思想价值的言论,保护它是没有任何意义的,比如淫秽物品的保护就不会给社会带来任何利益,种族灭绝理论也没有任何保护的必要。如果如自由派法官所言,我们要通过观念市场的自由竞争最后才否定这种言论的话,恐怕种族灭绝的现实已经酿成。所以,只有那些价值明显或无法准确判断是否有保护价值的言论才应当纳入保护范畴。那种认为任何言论而非思想都需要加以平等保护的理论,是学者端坐书斋的书生之见,是一种不食人间烟火的迂腐之论。思想自然应该允许自由竞争，但前提是，它首先得是一个思想。思想市场的确应该自由竞争，但也必须考虑，任何市场都可能存在失灵的问题。

这就涉及一个最核心的理论问题：言论自由和思想自由的区分。究竟哪一种言论才值得保护？

我们在谈论言论自由应当保护的时候，其实经常偷换概念，用思想自由应受保护来论证。这其实是一个似是而非的逻辑断裂。思想自由才有被保护的价值，而一些仇恨性言论就没有被保护的必要。

4

在最高法院大法官们的论证当中，他们找到了一个更为根本的基础性问题。

国家保护言论自由的前提是什么？有没有一些不容损害的政治自由的基础？

北京大学法学院强世功教授在《言论自由与公民宗教——从焚烧国旗案看美国自由派与保守派之争》一文中指出，其实，国家对于言论自由的立场并不是完全中立的。有一些问题如果允许去自由讨论的话，国家反而就没办法去保护言论自由了。比如，如果允许质疑国旗甚至亵渎国旗，那就意味着开始损害美国的国家统一。而一旦国家统一的象征意义不复存在，人们不再信仰这个国家，那么美国保护言论自由的政治基础也将不复存在。

所以，任何一项政策都有它的基础性前提，而这些前提是不容置疑的。国旗所代表的是公民宗教，它是比言论自由更上位的概念。在承认国家统一、承认国家象征力量的前提之下，政策才能保护其他所有的思想观念。

所以，如果把双方的讨论继续往前推进一步，就会发现，有关美国国旗的象征性言论和其他思想言论不同，它代表着更为根本的政治基础，已经超越了言论自由的范围，是不能被拿到思想市场上进行平等竞争的。只有在这个层面上认识焚烧国旗案，我们才算真正分析到了最核心的部分。

现在，通过对焚烧国旗案几个层面的论证梳理，我们应该对言论自由有了一个更为深刻的理解：

第一，要将言论和行为区别开来；

第二，可以把一些行为解释为象征性言论，从而纳入言论自由的保护范围；

第三，言论自由和思想自由的逻辑是不一致的；

第四，思想市场也会存在市场失灵；

第五，言论自由和公民宗教处在不同的保护层次，在言论自由之上，公民宗教作为政治基础，不可以与其他思想言论采取同等保护的立场。

分析到这里，你可能会关心联邦最高法院裁定焚烧国旗合法以后，会对社会产生何种示范效应。事实上，焚烧国旗的行为不但没有得到鼓励而变得更为普遍和猖獗,相反,根据任东来等著《美国宪政历程:影响美国的 25 个司法大案》一书记载,自从 1984 年国内焚烧国旗事件发生之后,焚烧国旗的事件在美国几乎绝迹了。这背后的逻辑和原因,又是另一个非常有意思的话题,以后有机会接着聊。

14 政府能禁止公民乞讨吗?

林彦:《乞讨行为规制与乞讨权诉讼:美国的经验及对中国的启示》,法律出版社 2011 年版。

1

据美联社报道，按照美国明尼苏达州警方的规定，凡是在该州行乞者，每年必须前往政府中心登记注册、摄像拍照，获得政府颁发的乞讨许可证后方可上街乞讨，否则即属违法，将会面临重罚甚至最高可达 30 年的监禁。类似规定在西方国家可谓屡见不鲜。

比如 2015 年，挪威部分地区禁止民众提供食物或金钱给流浪汉，不管接受或给予都将面临半年到一年的有期徒刑，司法部部长布莱恩卡尔森甚至提出必须出台法律禁止有组织的"商业乞讨行为"。

一段时间内，公民有没有乞讨权，设置禁讨区的立法究竟是否侵犯了公民的宪法权利或自由的讨论就引起了社会广泛的讨论。

在对乞讨权进行深入的法理分析之前，我们有必要对这一问题进行一次历史考察。

在历史上，英国可以说是对乞讨者进行管制的急先锋。但是，最早的反乞讨法，其制定并非为了实现如维护市容市貌、保障公共安全、创建文明城市等目的。应该说，在不同的历史时期，反乞讨法在英国承担了不同的社会功能和任务。在早期，英国经济处在急剧发展的阶段，当时反乞讨法主要考虑的是：有劳动能力的人上街乞讨，不劳而获；而那些真正不能劳动的人上街乞讨，则是为了维持自己最基本的生存条件。这两种人应当区别对待，立法绝不应鼓励有劳动能力的人不劳而获，反乞讨法表面上看是一种以道德原则为出发点的立法，但实际上却是为了避免英国劳动力市场供应不足而制定的规范。

所以我们就不难理解，当时还有这样一条非常严苛的规则：如果乞丐尚有劳动能力，则对其施舍的一方不但不会得到肯定，一旦被抓，还会被判刑。看起来不近人情的规则，实际上表明了一个非常深刻的道理：社会经济发展对法律规范的塑造力量，要远远高于道德世界里的那一点点同情心。

到了14世纪末期，反乞讨法逐渐开始承担新的阻止外来移民的功能。当时的立法把乞丐严格固定在居住地行乞，禁止越界在别的地方乞讨，以此措施来防止随意移民。

而据《乞讨行为规制与乞讨权诉讼：美国的经验及对中国的启示》一书，15世纪末至整个16世纪，整个西欧都颁布了惩治流浪者的血腥法律，对乞讨行为采取了严厉禁止的态度。

亨利八世时期，身强力壮的流浪者甚至要被绑在马车后面，被鞭打至遍体流血为止，然后发誓回到原籍或最近三年居住的地方。

而到了现代，禁止乞讨的规定更多的是出于维护城市市容、维护社会治安等社会管理的目的。

学习刑事诉讼法的人都知道，正是20世纪60年代沃伦大法官所主导的美国联邦最高法院创立的一系列正当程序的判决，将人权保护推到了一个历史的高点，以至于刑法打击犯罪的功能受到了极大的弱化，直接导致了犯罪率的飙升。1974年，全美的刑事犯罪数量突破了100万件，1975年，暴力犯罪更是创纪录地达到103.97万件。刑事案件的上升趋势直到1993年才停顿下来。正是在这一背景下，20世纪70年代尼克松竞选总统的时候，其提出的竞选口号，就是要通过任命保守派法官和通过街道安全控制法等手段加强犯罪控制，对正当程序革命中的一系列人权判决作出必要的限制。整个社会面对日益恶化的治安状况，都开始寻求新的解决方案。

1982年，非常有影响力并富有争议的"破窗理论"在著名的《大西洋月刊》上发表。美国政治学家詹姆斯·威尔逊和犯罪学家乔治·凯林认为，街头秩序的混乱与暴力犯罪的急剧增长存在正相关的紧密联系。

他们认为，对于一些看似轻微的扰乱社会秩序行为的宽纵，会使潜在的不法分子被这种默许所鼓舞，进而实施更为严重的危害社会的行为，甚至是暴力犯罪。而如果整个社会能够防微杜渐，像及时修补被打破的窗户一样，惩罚那些扰乱社会的轻微违法行为，就能使得整个社区秩序得到及时维护，整个社会的秩序就会逐渐好转。

"破窗理论"当时在这种社会背景下很快得到了美国许多州和城市的政治领袖和有投票权的市民的赞赏和青睐，所以那些流浪者本该是大家同情的对象，结果在这样的社会氛围里却很容易被认为是城市治安恶化的罪魁祸首。

市民对政府在治安问题上的怀柔政策表现出明显的不满。在很多城市，政治人士都开始凭借以铁腕整顿治安的承诺赢得选举。因此，乞丐成了政客开刀的对象，社会治安也成为政府管制立法的主要目标。政客纷纷承诺要在这一方面有所作为，所以，在20世纪80年代，美国有16个州重新恢复或制定了反乞讨法。

反乞讨法的复苏严重束缚了乞讨者的行动自由和生存空间，侵犯了他们的权利。再加上里根政府将联邦住房部的预算从1981年的32亿美元削减到1988年的7.5亿美元，这种剧烈的变化使得许多人因无法凭借政府资助购买、建设廉价住房，结果不得不露宿街头而沦为无家可归者，而全美的贫困人口也从1978年的2 450万上升到了1988年的3 250万。日益恶化的生活境遇迫使乞讨者作出反抗，很多人开始找机会提起诉讼，希望能借助联邦最高法院利用宪法诉讼机会为乞讨者争取权利。机会终于来了。

1976年，在阿尔莫一案中，因违反加州禁乞法而被捕的阿尔默首先提出，乞讨是一种言论自由，应该受美国宪法第一修正案保护。但是，加州上诉法院却认为乞讨是一种纯粹的行为，而非言论，因此禁止乞讨的法律当然不会侵犯乞丐的言论自由。案件上诉到美国联邦最高法院。乞讨究竟属于行为还是言论的判定，将直接影响国家对乞讨的立法和管制措施的合法性。

2

向各位推荐一篇由上海交通大学法学院林彦博士，在美国威斯康星大学法学院所做的博士论文，《现代社会中的乞讨权——美国与中国大陆地区之比较研究》(Begging Rights in Modern Society——A Comparative Study Between the United States and Mainland China，原文为英文)。

这篇论文写得非常精彩，对美国法上关于乞讨权的法理争论梳理得非常清楚。我们可以借助这篇文章系统地了解乞讨权的相关理论。

先来看第一种观点：将乞讨界定为行为。

这种观点认为，乞讨本身只是金钱的交换和转移，并不包含信息和观点的交流，因而不能被解释为言论，否则，任何行为都可以作出这样的解释，这样一来，宪法第一修正案所保护的范围就太过宽泛了。乞丐只是冲着金钱而来，发表观点或者交流观点不是他的目的。乞讨只有被界定为行为才更符合其本质。

另一种观点则针锋相对,将乞讨界定为言论。

面对保守派法官的反对,自由派法官的论述策略是,比较第一修正案中有哪些言论和乞讨的言论形式最为相近,如果有,就可以把乞讨解释为言论。结果发现,乞丐可以从乞讨的行为中获得利益,也就是说,乞讨包含商业利益,这就相当于出版一份报纸、发表一篇文章,也是有商业利益的。因此,能不能从商业言论的角度把乞讨解释为言论呢?说话是一种言论,收钱说话也是一种言论,既然获得广告收入的办报属于商业言论,是第一修正案保护的对象,为什么同样获得报酬的乞讨就不是?当然,这种立论基础也有一个问题,就是商业言论与纯粹言论保护程度是不同的。所以,也有一些自由派法官反对采取这种论述的进路,避免将乞讨界定为商业言论。因为,将乞讨降格为商业言论"将无视商业言论追逐报酬和毫无此目的的慈善行为之间的区别"。

因此,当时就出现了第三种观点,认为乞讨就是一种纯粹的言论。

这一派观点更为激进,他们认为,乞丐在街上用各种动作向路人传达一种信息,施舍钱财就能满足他们的生存需要,不需要包含什么特定的政治社会信息,也不需要这种言论对社会产生什么正向的价值。某个动作只要表达了个人需求,就是对个人情感观念的一种交流，就构成一种纯粹的言论，应当被第一修正案加以保护。

刚才所列的就是关于乞讨权性质的三种代表性观点，分别代表了三种管制思路的理论基础。我们如果将乞讨解释为行为，就意味着政府可以干涉和管理；如果将其解释为纯粹的言论，则政府就不能随意干预；而如果解释为商业言论，则政府可以适度进行干预和管理。

你看，在发达的宪法解释的框架下，我们竟然可以对乞讨权的问题作出如此细致的分析。

3

其实，在上面的分析框架之下，还有一个角度未被提及。

美国联邦最高法院对于慈善募款有非常完善的保护体系，而且之前一直都将慈善募捐演说作为言论自由加以保护，如果能将乞讨解释为慈善募捐，那么联邦最高法院之前的判例就可以适用于乞讨权的问题了。

所以，在通过言论自由保护乞讨权这一框架之内，如何将乞讨和慈善建立联系，就成了自由派法官另一个发力的方向。

不过，这一努力并不容易。

有些法官认为，慈善募捐与乞讨之间存在细微的差异，导致二者不可等量齐观。比如，慈善募捐是组织行为，能够加强交流传播思想，服务的是社区利益，而乞讨行为则是个人行为，服务的是一己之利。在慈善活动中，募捐者不是受益者，而在乞讨活动中，募捐者就是受益者，两者在性质和社会意义上存在诸多不同，所以，二者不能享受宪法同等的保护。

面对这种质疑，自由派法官并不赞同。他们反问道：把钱送给别人是慈善，送给自己难道就不是慈善了？捐款的受益者并非判断是否构成慈善的关键因素。

注意，自由派法官接下来提出了一个非常重要的理论：判断某一行为是不是慈善，应该基于捐助人的动机而不是募捐者（做慈善演讲募捐的志愿者）的动机。

发表演讲的目的不论是为了募捐给自己，还是募捐给别人，都不重要，重要的是，这段演讲和募捐活动是否启发了捐助者的善心。只要捐助者动了善心、捐了财物，这就是一场慈善活动，是捐款人的动机和善心而不是款项的流向，决定了慈善募捐的性质。

你看，通过主体的切换，自由派法官巧妙地把乞丐的乞讨行为与慈善募捐行为画上了等号。

还有一个论证的策略：组织成本。

也就是说，不论是乞讨还是募捐，获得的捐助越直接，这个施助行为就越有价值。比如，我通过慈善募捐得到了 2 万美元，我再把它捐出去，这其中还有慈善组织的运营成本。但乞丐得到钱之后直接用到了自己身上，节省了大量不必要的行政管理成本，尽管乞丐的乞求更具有私人性质，但是在判断一项行为是不是慈善行为时，重点考察的不应该是款项的流向问题，还应该引入经济学的视角，比较两种"募捐"行为的相对成本。所以，尽管乞丐在宣传过程中的信息和慈善组织没有任何区别，但是由于它节省了行政管理成本，还启发了捐助人的慈善念头，因此，乞讨和募捐传递的信息至少具有同等价值，当然应该在宪法层面上予以同等的保护。所以，任何机构、任何立法机关关于限制乞讨权利的规定都是违宪的，应该被废止。

说到这里，你一定发现，一场普通的诉讼能够演变为宪法诉讼，靠的就是这种精细的宪法解释技术，打官司最后变成了一场解释学的论战，这对律师的法律思维和诉讼策略的确构成一次重大的挑战。

4

正是上述这种细微的法理论证，丰富和深化了公众对政策问题的思考。结果，1990年，纽约市的一个联邦地区法院确认乞讨是一种言论自由，并宣布一项在纽约市地铁系统全面禁止乞讨的法律违宪。虽然早已出现过类似判例，但因为判例的作出地是纽约，所以该案的影响力被加倍放大。法学教授、政治人物、普罗大众，包括一些无家可归的流浪者公益机构都参与到这一话题的讨论中来。3年后，联邦第二巡回法院成为第一个确认乞讨的言论自由价值的联邦巡回法院，并在此基础上将纽约州全面禁止在公共场所乞讨的法律宣布为无效。此后这一势头一发不可收拾，到目前为止，已有第二、第六、第七、第十一和华盛顿特区的联邦巡回法院将乞讨作为言论自由进行保护。而到了2000年，人们的思考更加深入一层，开始对这种自由进行一定程度的限制，政府开始禁止侵犯性的乞讨，并明确在某一区域禁止、限制乞讨并不侵犯言论自由。

经过上述阶段的发展，美国终于形成了一套比较成熟的有关乞讨权的司法政策：

（1）乞讨是受联邦宪法保护的言论自由之一种，因此，乞讨权是宪法保护的基本人权；

（2）全面禁止乞讨的法律违宪；

（3）对乞讨行为进行时间、地点和方式方面的限制是允许的。

从绝对禁止到普遍放弃，取而代之是对乞讨行为的时间、地点、方式的限制，终于，一套比较成熟的有关乞讨权的司法政策就这样通过宪法解释的争论得到确立。

现在我们回过头来，看一下前些年在网络上关于乞讨权的论战，就很容易发现，这些争论大部分都还停留在理念层面上。

不论是支持者还是反对者，都在讨论乞讨究竟有没有损害市容市貌、有没有破坏社会治安，禁止乞讨是否侵犯了人民的生存权、有没有损害民生。如果我们对于政策问题的讨论永远停留在这些大词上，不但不利于我们法律思维的培养，更加不利于公共政策的最终制定。

在这场公共政策的辩论之中，法律人和非法律人所使用的分析工具和话语系统没有任何区别，我国长期以来缺乏宪法诉讼导致的宪法解释不发达，法律人思维和公众思维同化带来的弊端被同步放大。

如此看来，今天讨论的又岂止是一个乞讨权的问题！法律人，究竟应该如何通过论证策略介入诉讼案件，又如何通过诉讼策略介入公共政策的制定，这些，都值得我们认真思考。

15 颠覆三观的『三振出局法』

〔美〕保罗·H. 罗宾逊：《刑法的分配原则——谁应受罚，如何量刑?》，沙丽金译，中国人民公安大学出版社 2009 年版。

学习过法律的人恐怕没有人不知道罪刑法定原则和罪刑相适应原则。这是现代刑事法治的两大基石。一个管定罪，一个管量刑。有这两个原则把关，国家在对犯罪嫌疑人的追诉中就不至于滥用权力，任意出入人罪，任意裁量刑罚。

按照罪刑相适应原则的要求，同样的行为应该处以相同的刑罚，这应该是法律界的常识性认知。在《刑法的分配原则——谁应受罚，如何量刑？》一书中，罗宾逊教授列举了一般威慑和特殊威慑、使危险者丧失犯罪能力、改造、道义的惩罚、经验主义的惩罚等刑罚分配的基本原则。但是，今天我要提到的美国加利福尼亚州的"三振出局法"，可能会颠覆你的这一认识。

1

什么是"三振出局法"呢？

这是借用棒球运动术语表达的一个法律概念，英文是 Three

Strikes and You're Out Law。即在棒球比赛之中，击球手如果三次都没能击中投球手所投的球，就必须出局。引申到法律中，"三振出局法"的意思是，因暴力或严重罪行被判刑两次者，以后如果再犯新罪，则无论新罪严重与否，行为人都将被判处25年有期徒刑以上刑罚，甚至终身监禁。比如，你盗窃一台电脑被判一年，第二次盗窃一台电脑，又被判一年，如果第三次你又盗窃一台电脑，尽管三次行为的性质和严重程度完全相等，但最后一次却很可能给你带来终身监禁的法律后果。

可以说，"三振出局法"的目的，就是对于那些反复实施严重或暴力重罪者处以更重的刑罚，以对其所表现出来的人身危险性进行惩罚。

但是，你是不是觉得"三振出局法"和我们之前学的一些法律理念是违背的？

比如说，法律只关注行为而不关注行为人，按照这个逻辑，相同的行为就应该受到相同的处罚，但是为什么在这里，完全一样的行为却带来了不同的惩罚呢？

又比如，法律禁止一事二罚，同一个行为只能受到一次处罚，但为什么在这里，第一次盗窃和第二次盗窃的事实又在第三次盗窃的时候被重复评价，并作为量刑的依据？

再比如，说好罪刑相适应，可为什么如此轻微的盗窃行为却会带来终身监禁的严重后果？

2

问题如此之多,解释清楚之前,恐怕我们还得花点时间重新回顾一下加州"三振出局法"出台的背景。

加州之所以会在 20 世纪 90 年代出台这项法律,是因为当时犯罪形势日益严峻。据统计,当时加州平均每个城市家庭每年因犯罪所遭受的损失为 4 000 美元,整个美国每年因犯罪所受的损失为 4 250 亿美元,约占全美国民生产总值的 7%。在犯罪问题中,再犯现象又显得尤为突出。据估测,绝大多数美国监狱中的三分之二到四分之三的囚犯都是重复犯罪者。而加州的犯罪增长率在美国各州中排名尤其靠前:就暴力犯罪而言,1988—1992 年,美国全国的暴力犯罪增长率是 23.37%,而加州则高达 31.96%。

而加州最终通过"三振出局法"的导火索是两起抢劫杀人案件。北大法学院王亚凯同学在《刑事法评论》(第 18 卷)上曾经发表过一篇文章《加州三振出局法研究》,详细介绍了加州"三振出局法"出台的经过。

> 1992 年 6 月 29 日,一名有重罪记录的犯罪人在试图抢劫凯·雷纳德的手提包时致其死亡。面对心爱女儿的死亡,凯的父亲雷纳德没有选择私人报复,而是希望通过改变刑事司法制度来使别人不再遭受同样的厄运。

在当时加州第五上诉法庭首席法官詹姆斯·A. 阿尔代茨和其他几位刑事司法专家的帮助下，他们共同提出了"三振出局法"的理念，拟定了以一般性地减少犯罪尤其是严重和暴力犯罪为目标的法案草案。1994年，在经历了上一年度提案失败的教训之后，雷纳德依然没有放弃，坚持提出了后来广为人知的第184号提案。但是，按照加州法律，要想在1994年11月的选民投票中获得通过，这项提案至少要得到385 000个选民的签名支持，但直到1993年10月1日，雷纳德才仅仅收集到了大约2万个签名，距离提案成功的要求还相去甚远，希望似乎非常渺茫。

但正在此时，一个转机——伯利·克拉斯案——出现了。1993年10月1日，在加州西部佩塔卢马城，一个12岁的小女孩伯利·克拉斯在家中被绑架。该案在破获过程中引起全美媒体及公民的关注。警方最后在加州索拿马地区的森林区找到了这个小女孩的尸体和绑架者。由于犯罪人是一个多次暴力犯罪者，其成年后的大部分时间都是在监狱中度过的，一时间他成为刑事司法制度失败的醒目象征。人们对暴力犯罪者表现出极大的愤怒，就在伯利·克拉斯的尸体被找到之后的第二个星期的星期一早上，声援第184号提案的电话淹没了雷纳德的办公总部。同时，在位于佩塔卢马的伯利·克拉斯基金会办公室外，人们排队请求签名，每天的签名总数高达 15 000 个。短短数周内，该法案就征集到超过 30 万个签名，从而使雷纳德的提案成为加州有史以来最快获得投票资格的提案。

此时恰逢该州大选，政客们将对"三振出局法"的支持作为一个有力的竞选工具加以利用。州长皮特·威尔逊在伯利·克拉斯的葬礼上公开发表政治演讲，表示支持"三振出局法"。最终，加州议会于 1994 年 3 月 4 日以 63∶9 的绝对优势通过了第 971 号议会法案，而上议院则以 29∶7 通过该法案。3 月 7 日，威尔逊州长签署第 971 号议会法案，作为"紧急立法"，该法案立刻发生效力，"三振出局法"至此成为《加利福尼亚刑法典》的一部分。

说到这里，你应该听明白了，"三振出局法"主要体现的是一种对累犯严厉打击的刑事政策。说白了，第三次犯罪后量刑多出来的那一部分，其实就是对累犯身上所体现出来的反社会的性格和人身危险性的一种额外惩罚。在某种程度上，可以说，多出来的量刑部分是对行为人而非行为本身的惩罚。但是，说好的"行为才是刑罚的中心"呢？刑事司法究竟应否以及如何惩罚危险性呢？

3

要想回答行为和行为人的关系问题，就不得不提到刑事古典学派和实证学派。

意大利有一位非常著名的犯罪学家龙勃罗梭，他在少年时期，曾醉心于罗马考古学，后来逐渐对精神病学生发出浓厚的兴趣，并先后担任了都灵大学的精神病学教授和一家精神病院的院长。在他生活的年代，意大利犯罪数量激增。因此，他利用后来担任监狱狱医的机会，去过很多监狱对罪犯进行实证的研究。

1871年，一次偶然的机会，龙勃罗梭受邀对一个叫作维莱拉的土匪头目进行尸体解剖，他意外地在维莱拉头颅枕骨处发现一个明显的凹陷，而根据人类学研究成果，这一特点只有古代野蛮人才会具有。于是，龙勃罗梭受到启发，提出了一个非常重要的假说：犯罪人的生理结构会不会从一开始就决定了这些人将来一定会犯罪？正是根据这一假说，他写作并出版了非常著名的《犯罪人论》。

这一理论开辟了和刑事古典学派相对应的刑事实证学派。与古典学派不同的是，实证学派不再看重自由意志，甚至把自由意志全部否定，它也不再关注犯罪行为，而仅仅关注带有危险性的个人。至此，意志自由论和行为中心的刑罚观都被颠覆。刑法开始关注行为人的人格和危险。龙勃罗梭的两个学生继承了他的思想并继续发扬光大,这两个学生一个是加罗法洛,另一个是菲利。

根据天生犯罪人论的犯罪假设,加罗法洛建议,精神病人具有极强的人身危险,因此一旦发现,人们就应将其永远关押,直至痊愈。而菲利的博士论文题目就是《刑事责任论与自由意志之否定》,这篇论文把古典学派的理论基础全部推翻。后来,菲利在担任意大利刑法修改委员会委员长期间,专门制定了以他名字命名的《菲利刑法草案》,这部草案非常激进,提出以危险性代替行为、以保安处分代替刑罚的主张。换句话说,即使一个人没有实施任何犯罪行为,但只要确定他具有人身危险性,国家同样可以将其进行关押。客观地说,菲利这一激进理论的提出和当时犯罪数量激增的社会背景是有密切关系的,但仍然对当时的传统观念产生了很大的冲击,最后未被采纳。

4

虽然当时菲利的法典草案并没有被立法机构采纳,但却由此形成了两股学派的合流,也就是古典学派和实证学派的折中和妥协。这种折中是通过定罪与量刑程序的分离实现的。

以美国为例,它的定罪与量刑程序实现了两个分离:

第一,主体的分离。

也就是说,案件由陪审团负责定罪,由法官负责量刑。由于定罪是量刑的前提，所以即便法官试图给被告施加一种过重的刑罚，也不可能逾越陪审团的定罪决定而提前作出，因此这种分离就等于在政府和被告人之间安上了一道安全的防火墙。但是如果没有这种主体的分离，同一主体既负责定罪，又负责量刑，它显然就可以为了施加某种刑罚而予以定罪，甚至是任意选择罪名，比欲加之罪，何患无辞更加可怕的是欲加之刑，何患无罪。

第二，程序的分离。

在定罪和量刑程序之间隔上一定的时间，被告人可以在两个独立的阶段分别作两种性质不同的答辩：无罪答辩和罪轻答辩。而如果没有这种程序的分离，则被告必须面对合二为一的定罪量刑程序，一次性选择究竟是作无罪答辩还是罪轻答辩，而无论选择哪一个，都会面临无法全面答辩的困扰。

这种定罪和量刑的区分其实还有一个更为重要的好处，就是在定罪阶段可以集中关注犯罪人的行为。这个阶段是不允许考量有关行为人的相关因素的，比如品格、累犯等有关人身危险性的证据就不能在这个阶段提交。而在量刑阶段，则可以将此前不能被采纳的品格证据等反映行为人特性的证据提交法庭，允许以行为人为中心组织量刑情节和量刑证据。

你看，现代刑事司法正是通过定罪与量刑程序的分离实现了对古典学派关注行为和实证学派关注行为人的妥协和折中的。

5

后来，日本刑法学者团藤重光创立了人格行为论和人格责任论，将人格作为刑法中的专门问题进行系统研究。1900年，另一位日本著名刑法学教授大塚仁发表了《人格刑法学的构想》一文，将行为者的人格引入了犯罪论和刑罚论，初步构建了人格刑法学的理论体系。

可以说，刑事立法和刑法理论的重心由犯罪向犯罪人转移，是刑法发展的历史必然，犯罪人的人格应该和犯罪行为以及刑事法律后果一起，成为支撑现代刑法大厦的三大基石。

北京大学法学院的张文教授和东南大学法学院的刘艳红教授也曾提出过人格刑法的系统理论。但是，在引进这一先进刑法思想的同时，我们必须提醒的是，任何刑法思潮的有效实施都必须配之以合适的刑诉制度，如果没有实现定罪与量刑程序的完全分离，则对犯罪人人身危险性的强调很可能会不恰当地干扰法官对于被告人定罪问题的判断，从而逾越刑事司法对危险性惩罚的必要界限。在现有制度下，我们很可能仅仅因为被告曾经实施过前两次严重罪行，就直接认定其第三次行为成立犯罪，从而给予其最为严厉的刑事制裁。这种对危险性的制裁由于失去了对定罪阶段极为严格的论证要求，而会变得极其危险。

　　刑法、刑诉本是不可分割的一个整体，万万不可仅仅关注刑法理论的进步，而置刑诉制度的改革于不顾，从而失去刑事司法改革的内在协调，造成不可预知的后果。

16 税收就是保护费?

〔美〕曼瑟·奥尔森：《权力与繁荣》，苏长和、嵇飞译，上海世纪出版集团、上海人民出版社2005年版。

美国有一个著名学者奥尔森,他写过很多很有意思的著作,例如《集体行动的逻辑》《国家的兴衰》和《权力与繁荣》。

在《权力与繁荣》这部著作中,他讲述了这样一个故事:白朗是民国初年的农民起义领袖,势力遍及河南、陕西、甘肃等地,是典型的"流寇"。而冯玉祥则是当时统治西北的军阀,可谓盘踞一方的"坐寇"。冯玉祥率领20万大军围剿白朗,从而受到百姓的拥戴。奥尔森感到不解的是:流寇偶尔来抢,得手就走,而坐寇却通过收保护费或税收等方式对民众进行反复掠夺,但为什么民众宁愿接受坐寇的统治而厌恶流寇的骚扰呢?

正是这样一个思考,开启了他关于国家起源学说的另外一条研究脉络。

问题来了,土匪是怎么变成皇帝的?有人曾经开玩笑说,从人类历史上看,国家其实和黑社会没什么区别,只不过一个征税,一个收保护费。那税收和保护费之间有什么区别,黑社会又是如何变成国家的呢?

奥尔森在书里面比较了个体罪犯和集团罪犯之间的一个差异,而且举了个例子,比如一个盗贼,在一个社区里的盗窃所得往往要小于受害者所失。

这是什么意思?

首先,盗贼的盗窃并不是生产性的活动,只是将现成的财富从受害者手里转移到自己的手中。

其次,所有潜在的受害者要把自己的一部分资源从生产性领域转移到防范盗窃上来,比如安个防盗门、装个摄像头。这样一来,社会因为盗贼的存在,投入财富生产的资源就会相应减少。

但问题是,这个盗贼会因为社会财富生产减少而停止盗窃吗?

肯定不会!

通俗一点说,这个盗贼偷窃了一户富人,并不会导致他丧失下一个盗窃目标,因为社会上还有很多其他富人。即便没有富人,还可以退而求其次,去偷其他中产人家。用经济学的术语来说,盗贼的偷窃行为给他自身造成的社会成本是非常低的,以至于他感觉不到偷了以后社会财富的减少。所以他会在被抓住之前不断地进行盗窃活动。

如果这个时候你跟盗贼说,你这样偷下去整个社会早晚会竭泽而渔，最后就没人可偷了，他肯定觉得你非常荒谬。

所以，奥尔森认为，对个体盗贼而言，他永远不会考虑社会财富的减少，不会担心将来没有东西可偷。

但是集团犯罪还一样吗？比如黑手党。

黑手党家族往往在一个区域内活动，要么在他实际控制这个区域之前情况很糟糕，单个的盗贼及其他的黑社会在这个区域里面反复偷窃和抢劫，让这个区域变得无利可图；要么就是普遍的抢劫之后，居民已经没有什么可供抢劫的东西；要么就是这个地方抢劫太多，居民觉得朝不保夕，因此大量逃离这个地区，以至于没有人可被你抢。

这就给控制这片区域的黑手党家族提出一个问题：怎样才能恢复有东西可抢的状态，让我控制这个地方变得有利可图呢？怎样才能让这个地域的抢劫变成一项可持续的事业？

所以，黑社会做的第一件事，往往就是把公共资源转为家族私有，把所有其他个体的盗贼和其他黑社会赶出自己的区域，让居民获得一个相对安全的环境，不用搬家，同时还促使他们进行生产，扩大可以抢劫的财富。然后，垄断这个地区的黑社会就采取收取保护费而不是抢劫的方式来获取财富，而且收取的比例一定要低于居民搬家的成本。黑社会要在居民被迫接受交保护费和无奈搬家之间找到一个恰当的平衡点，从而持续性地获取利益。另外，黑社会还可以拿出一部分保护费向他所控制的地区居民提供各种公共品，比如道路、桥梁，来促进地区经济的发展，从而扩大保护费征收的"总盘子"。黑社会就是在这样的逻辑下产生和壮大的。

沿着这个逻辑还可以继续推导国家概念和爱国主义情感是怎么产生的。

其实就是外来的强力不会考虑获取财富的限度，而往往实行"三光"政策，但本地的强权为了持续性地获取利益，即便收取保护费也会维持在一个合理的水平，不会竭泽而渔，还会保护本地人民免受外来强力的抢劫。久而久之，本地强权和人民之间就有了一种共同的利益，人们自然就会拥护本地强权。所以，有人根据这个逻辑认为，所谓的"爱国主义"其实就是对抢劫比率的利益反映，而不是一种与生俱来的情感。

吴思是我非常推崇的一个历史随笔作家，他有一本书提到了四川广汉，这个地方是连接四川和陕西的交通要冲。1913年广汉开始闹路匪，4年之后，各路路匪都逐渐意识到，竭泽而渔式的抢劫方式把所有的行人商旅都吓跑了，这等于自绝财路。

后来他们商量出了一个方法，黑社会之间分段各自收费，让行人持他们的路票通行。比如，一挑盐保险费五毛，一个徒手或包袱客一块。布贩卖布的看获益多少，多则百元，少则几元、几十元不等。所以广汉的土匪，之前采取了杀鸡取卵式的抢劫，导致农民逃亡、田地荒芜，最终自己砸了自己的饭碗。后来就兴起了新办法，土匪承诺各乡各保如果每年向土匪头子缴纳足额的保护费，土匪就保护乡民的人身和财产安全。如果有劫案发生，他们来负责惩办。如果外地土匪来抢劫，他们出面解决。

经过刚才的分析你会发现，流寇终于经过利害的算计变成了坐寇，黑社会终于变成了"国家"，土匪终于变成了"皇帝"。所以，一旦土匪安定下来，能够稳定地控制一块领地以后，他的动机就会发生微妙的变化，就会控制自己的抢劫率。

这个抢劫率其实就是税收比例，你把税收比例定得高，最后的税收总额未必就会大。所以土匪一定要设计好税收比例，让大家还有积极性去从事生产劳动，同时土匪也能够持续地打劫。那就是税率的最早逻辑。土匪经过长期的抢劫，发现要想持续获得收益，不能一次抢光，而只能维持一个最佳抢劫率，这就是税收比例的由来。人们也发现，与其让流寇抢光，不如支持一个坐寇，毕竟，固定匪帮持续的剥夺行为要比无政府状态更好。"国家"就这么产生了。

奥尔森在书里面讲了一句话，他说，所谓坐寇就是国家。它根本不是一匹狼，在自己土地上逮着鹿就吃，逮着羊就追。它是一个要确保自己土地上所有的奶牛都能够得到护养的牧场主，让它们在自己的草地上长得越壮越好，这样可以随时挤奶，而不用杀鸡取卵。所以整个牧场就会有大量的牛羊，也可以在这片牧场坐收渔利。

中国古代叫"九州"，所谓九州就是九大牧区，皇帝就是这九大牧区的牧场主。你看，连中国的古称都能看出皇帝的坐寇心态。

为了更深刻地揭示出"由寇变王"的诱因和从流寇到坐寇利益机制的变化，奥尔森在他另一本著作《国家的兴衰》中，提出了"涵盖利益"与"狭隘利益"这两个概念。

所谓"涵盖利益"，是指自身利益与社会繁荣程度密切相关，因而受到强烈的激励而为社会提供公共品。而所谓"狭隘利益"则正好相反，无论社会繁荣与否，都与自身利益关系不大，因此自然存在通过损害社会利益来满足自身利益的强烈动机。

根据这一分析框架，流寇显然只有"狭隘利益"，他们以掠夺破坏为生，经常更换抢劫对象，不会考虑一个地方的繁荣程度和自己长远利益之间的关系。但是，一旦流寇不再四处游窜，而是固定在一个地方持续掠夺的时候，其利益机制就会发生微妙的变化。他们会期待自己所在的地方越来越繁荣，因此，就会掠夺有度，不会竭泽而渔，同时还不允许其他流寇进入自己的地盘进行抢劫。为了维护当地秩序，促进当地繁荣，他还会积极提供如社会治安、兴修水利、铺路架桥等各种公共品，因为这些活动可以促进该地区的长期繁荣，从而让自己始终有利可图。换句话说，此时的坐寇已经演变成了"涵盖利益"的主体。

你看，在奥尔森笔下，国家原来是这么形成的！你觉得因为坐寇而产生国家的学说和因为治水而产生国家、因为社会契约而产生国家、因为战争而产生国家这些学说相比,哪个更有道理呢?在国家起源的学术脉络里对比这些观点,不是一件挺有意思的智识之旅吗?

17 真实版的「洞穴奇案」

〔英〕A. W. 布莱恩·辛普森:《同类相食与普通法:"木犀草号"悲剧性的最后一次航程及其所引发的奇特法律程序》,韩阳译,商务印书馆2012年版。

1

在 19 世纪，帆船旅行还不是特别流行，只是一种少数人用来炫富的手段。

1884 年，澳大利亚就有一位名叫约翰·亨利的海事律师准备前往英国，买一艘能够烘托身份的帆船开回澳大利亚，然后在悉尼某个帆船俱乐部炫耀一下。

他得偿所愿，以 400 磅的低价买到了一艘名叫"木犀草号"的帆船。但是 400 磅的低价的确也买不到什么太好的帆船：净吨位只有区区 20 吨，长度不过 52 英尺——相当于 16 米；1867 年打造下水，现在几乎是年久失修。亨利也不是很确定能否平安经过两万多公里的航程考验。知情的人一看，手里就捏着一把汗。

出于各种考虑，亨利准备自己先用其他方式返回澳大利亚，而让招募的船员帮他把船开回去。

一个名叫汤姆·达德利的人应征船长,他30岁出头,航海经验丰富,考虑到这次任务来回120天左右可以挣到200多英镑,4个月的行程就可以挣满一年的收入,所以很有动力揽这件差事。

后来亨利又陆续招到了三个人,分别是大副斯蒂芬斯、船员布鲁克斯和一名年仅17岁的舱内见习船员理查德·帕克。大副斯蒂芬斯已经有了孩子,37岁,海上经验丰富。而布鲁克斯则是船长达德利的老搭档,之所以搭这艘船是因为他本来就计划移民澳洲,这下不但可以把旅费省了,还能额外再赚一笔。至于17岁的帕克为什么前来应聘,是因为他父母双亡,在世间已无牵挂,航海生涯对于这位期待不平凡生活的年轻人而言,可以说诱惑无穷。

一个草台班子就这样搭成了。所有的事宜都交给船长汤姆·达德利负责统筹。

第一件需要考虑的事情就是是否需要对这艘年久失修的船只进行维护,以保证海上航行的安全。考虑到维修费用不菲,船主并不热心,而船长也心存侥幸,认为凭借自己丰富的海上航行经验,完全可以应付可能发生的情况,因此,也就没有坚持维修船只。

于是,他们就这样开始了漫长的海上航行。

第一周可以说是风平浪静,可是一到6月,南大西洋的飓风一波又一波地无情袭来。为了安全起见,船长达德利决定改走新的航线。到了 7 月 3 号,巨大的风浪突然停了,但是,这种暴风雨前的宁静,反而让人感觉更加恐惧。况且,此时帆船的海上位置也非常不理想,距离非洲好望角有 1 600 英里,而距离最近的岛屿也有 680 英里之遥。

山雨欲来风满楼,船长达德利让大家撤到甲板下以策安全。

果然,两天以后,海上风暴大作,孤零零的帆船就这样在海上飘荡,随时都有倾覆的危险。

此时,船长达德利根据经验判断,必须尽快离开船只才能保住性命。

他让所有船员登上了 4 米长的救生艇,但是,他很快发现,这个救生艇结构脆弱,甲板不到 6 毫米厚,而且上面毫无淡水储备,只有两听食物,很快就会吃完。四人心里都暗自叫苦。谁也想不到明天等待他们的将是什么。

天气转晴后没多久,风暴再次降临,东西吃完了不说,在狂风暴雨的冲击下,救生艇上的四个人根本熬不过去,没有淡水尚且可以用尿解渴,但是如果没有食物,无论如何都是不可能撑下去的。

大家心里都非常清楚,这个时候,除非按照海上航行的古老惯例吃人求生,否则别无生路。

但是,到底选择牺牲谁的生命来保全其他人?最公平的办法就是抽签。但是,他们没有这样做。

达德利船长把船员斯蒂芬斯和布鲁克斯叫到一边,密谋牺牲17岁的帕克来保全他们三人的性命。

船长为什么选择小帕克？主要原因是，小帕克是离死亡最近的人。他已经足足5天没喝淡水，足足8天没吃任何东西，还得了疟疾。而且他饥饿难耐，晚上还偷偷喝了海水，这样一来，本来就奄奄一息的他，抵抗力就更差了。既然他随时可能自然死亡，那么，在此之前提前结束他的生命就不是不可以忍受的罪行，反而可以让他的死更有意义。

当时两名船员听到这个建议后都大惊失色，明确表示反对。毕竟现在还没有到真的撑不下去的时候，他们完全可以再坚持一下，说不定过几天就有船只经过，那样的话，就没有必要采取这种极端的行动。

听到这里，达德利船长也就没有坚持。但是，到了第19天，大家实在坚持不住、饥饿难耐的时候，船长终于下了最后通牒，如果第二天仍然没有船只经过的话，就只能提前结束小帕克的生命。为了减轻内心的纠结感，船长不断告诉大家：我们不是故意杀人，而只是加速帕克的死亡，早点送他上路，反而可以让他少受点罪，而且他怎么说都是孤儿，没有牵挂，不像我们，上有老下有小，还有很多责任要承担。

此时，其他两人已经不再表示反对。

第二天，船长达德利在做完祷告之后就真的动了手，拿起一把小刀直插帕克静脉，把他杀了。

三人分食了帕克的身体，缓解了饥饿，才得以撑到第24

天，被一艘经过的德国运输船解救，带回了英国法尔茅斯港。这场苦难本来就可以这样结束了。

但是，虽然在南大西洋上靠吃掉帕克暂时存活了下来，生还者后来的命运也并不平顺。

船长汤姆·达德利在恢复航船资格以后，就开始努力寻找工作机会。后来还是靠"木犀草号"船主，那个发迹的澳大利亚海事律师资助他全家移民澳大利亚。后来达德利在悉尼开办了一家公司，专门制造船帆和船用杂货。不过，这件事的阴影一直笼罩着他，人们很久以后仍旧称呼他为"食人者汤姆"。

1900年，当黑死病袭击澳大利亚的时候，他是第一批因此丧生的澳大利亚人，并没有颐养天年。

以上所述，是发生在19世纪英国的一起真实案件，现在到伦敦杜莎夫人蜡像馆，还能看到船长达德利和船员斯蒂芬斯的蜡像。而且大家如果去南安普敦附近的一个基督教小教堂，还可以找到被害人帕克的墓碑。而修建和维护墓碑的所有费用都出自船长达德利与斯蒂芬斯辩护基金的余款。墓碑上刻着几个大字："17岁的帕克，在恐怖的19天苦难后，魂归离恨天。"下有《约伯记》中的一句名言："他虽杀我，我仍信靠他。"最后一行还留下《使徒行传》中的一段话："主啊！不要将这罪归于他们。"

后来英国肯特大学的布莱恩·辛普森教授还根据这起事件专门写了一本书——《同类相食与普通法："木犀草号"悲剧

性的最后一次航程及其所引发的奇特法律程序》，描述了"木犀草号"上发生的这起惨案的整个经过。

　　类似的事情还有很多。比如美国法学家富勒著名的思想实验"洞穴奇案"。

　　2010年上海国际电影节的纪录片展映中，曾上映过一部现实版的"洞穴奇案"：《进退两难——安第斯空难幸存者》。影片以再现的手法讲述了1972年10月那场空难的故事：载着一整支橄榄球队和亲友助威团共45人的包机坠毁在冰天雪地的安第斯山脉，当时幸存的29人从机舱残骸中翻找出一台勉强能用的收音机，却得知外界已经放弃了搜救。最后由两名幸存者徒步10天下山求救，最后的16名幸存者终于全体脱险。而正是死去同伴的血肉让他们熬过了70多天。这部影片讲述的也是食人者到底有没有罪过的问题。

2

　　在"木犀草号"案件中，有以下两点值得我们深思：

　　第一，三名食人的幸存者的行为构成犯罪吗？

　　我们都知道"只有口供不能定案"这一基本的证据规则。

　　设想一下，如果这起海上吃人事件的三名幸存者决定对帕克死亡的原因闭口不提，并在获救前及时清理救生艇上的尸体并清洗甲板，然后谎称帕克已经因为风浪葬身大海，其实是找不到任何指控他们杀人的证据的。

但事实是，他们一上岸就立即向海关报告了此次海难详情，船长对发生的一切未作任何隐瞒，也没有对事实进行任何修补，而是坚持主张自己的行为属于紧急避险，不应该承担法律责任。

正因为坚信自己无罪，他们还如实写下如下记录："海难第20天，小帕克奄奄一息，我们杀死他以求得三个人的生存，三人一致同意此举绝对必要。"后来海关将报告送往伦敦的英国内政部，消息不胫而走。

正义感爆棚的警长詹姆斯素来自命执法如山、不徇人情，他认为这群人吃了人就必须被定罪，于是要求船长必须交出杀人工具作为证据。达德利自以为无罪，自然不持异议，还希望事情了结之后詹姆斯能够把小刀归还。他还将帕克的骨头带回留作纪念，以此祭拜帕克，希望求得其灵魂的原谅。

所以，坦白吃人行为并不是因为他们希望以此求得较轻的刑罚，而是他们根本就不认为自己构成犯罪。因为自古希腊时代以来，类似的海难频发，海上航行者一直都有一个不成文的惯例，在紧急情况下，为了生存而吃掉同伴是不构成犯罪的。但这起案件后来的走向表明，海事法律的这一传统正在被打破，被告人后来也被定罪。

第二，让裁判者最终认定吃人者有罪的细节具体有哪些呢？

首先，被告人似乎觉得，他们并没有杀死帕克，而只是加速了他的死亡。即便不杀死他，他也无法活到最后，可如果被动等待他自然死亡，可能结果就是四个人都撑不到最后获救的那一刻，也会一起饿死。这种说法很有迷惑性，而且此案也确实符合这些条件。

在理论上，每个人的生命价值当然是相等的，但这句话在解决具体问题时几乎毫无用处。杀人行为的违法性的根基其实在于断绝了被害人继续生存的机会，如果的确有证据证明一方最终难逃一死，另一方尚有生还希望，那么，加速他死亡的进度，虽然看起来剥夺了他的生命，但却并没有剥夺其生存机会。按照刑法学的观点，如果一个人注定最终会死亡，那么稍微提前牺牲此人以保护多人生命，可以成立违法阻却事由。此案中帕克被杀之前的身体极度虚弱，的确符合这一条件，大家只是提前结束了他的生命而已。

但这个案例之所以吸引人，就在于问题并非如此简单，在船长的口供中提到的第二个理由，恰恰是三人构成有罪的重要依据。

船长认为，帕克不但是最虚弱、最接近死亡的那个，而且父母双亡，在世界上没有亲人，其他人则各有家庭重担，因此帕克的生命最没有价值。人的生命价值怎能因为亲人家庭而被排序？这一细节让杀人行为变得不再可以被原谅。正是这句话导致三人最终承担了杀人的法律责任。而且在事后的法庭审判中，要想查清帕克被杀之前是不是真的是身体最虚弱、离死亡最近的那个人，几乎是一个完全不可能完成的任务。因此，船长的话就成了判定三名被告人是否应当承担刑事责任的关键。

其次，即便需要杀一人拯救他人，还存在一个如何选择、牺牲谁的问题。

虽然海事习惯允许在极端情况下同类相食，但在决定应该牺牲谁的问题上，船员必须采取抽签的方式进行。此案的情形与"洞穴奇案"的情形非常类似。五名探险者在山洞里被困，生命垂危，为了能够获得一线生存的机会，其中一位探险者威特莫尔首先提议，用抽签的方式吃掉一人，这样就可以救活其他四人。但是，在抽签之前，提议者威特莫尔又反悔，撤回了意见。其他四名探险者坚持继续抽签。没有想到的是，最后恰恰是提议采用这种办法的威特莫尔被不幸抽中，结果自然是被杀，而另外四人得救。获救后，生还的四名探险者被以杀人罪的罪名起诉到法院，并最终被判处绞刑。

这个思想实验之所以安排了这个同意抽签后来又撤回同意的细节，绝不是任意为之。富勒注意到，被害人是否参与抽签，在判断生还者责任时起到了非常微妙的关键作用。

你可能会问，为什么海事传统认可同类相食，但首选方法是抽签，而不是选择那个离死亡最近的人呢？为什么要这样排序？

在"洞穴奇案"的分析意见中，一种意见认为选择杀人好过等待自然死亡。等待一个人先自然死亡，其实就对生命作了排序，把目标锁定在成员中最虚弱、最多病、受伤最严重的人身上；与抽签相比，抽签至少可以做到起点公平，等待身体虚弱的人死亡其实也预设了生命价值，哪怕只能活5分钟，这5分钟也有其价值，不能因此而剥夺其生命，所以，以抽签的方式选择杀谁更为公平。

而且抽签解决了一个根本的问题：没有谁的生命比别人的生命更可贵，没有谁比别人更值得存活。抽签的同意就是在破解所有价值排序，在抽签前每个人都把自己的身体看成或约定成一种食物。抽签带来的合法化其实是对生命价值等同性的一次虚拟表态。

但可惜，此案中并没有抽签这一程序。选择杀害帕克只是船长私下和另外两人讨论的结果，被害人帕克对此毫不知情。帕克是抽签的对象，而不是抽签的主体。他在这场游戏中没有任何胜出的可能，因而仅仅被作为工具对待。

帕克没有参与抽签投票是非常重要的细节。但是，民众了解关心这些细节吗？关注这些法律和事实的细微之处吗？不可能，他们其实关注的是将来自己在类似处境中的地位。

如果把自己设想成帕克，当然会要求严惩凶手；而如果把自己设想成船长，当然就会要求宽恕凶手。

事实是，舆论全部倒向了被告人一边，他们都把自己设想成了这种绝对情境中相对强势的一方。就连帕克的长兄——后来还身着帆船船员服装出现在庭审现场——也没有站在指控犯罪这一边。相反，他竟然出人意料地与三名船员握手以表示对他们的支持。

无数英国国民都在同情和关注被告人的处境，人们普遍觉得，这些生还者好不容易经历了九死一生，迎接他们的应该是祝贺与安慰，而不是起诉与定罪。

面对巨大的舆论压力，司法界对此案究竟应该怎么处理，一直无法形成统一认识。

3

司法界要真正独立于民意，应该怎么做呢？

鉴于此案中民意过于强大，法官可以指示陪审团，如果作出判决非常困难，完全可以不必作出有罪与否的裁决，而只需作出事实裁定，把法律适用的问题交给上级法院处理。

但是，自从1785年以后，英国就再也没有出现过只对事实作出处理的特别裁决。后来皇家法院法官下判："英国普通法从未承认杀人罪可以适用紧急避险抗辩。这既违反先前判例，也无伦理与道德基础。"所以认定三人杀人罪名成立并判处三人极刑。

尽管该案独立于民意作出了判决，但是结果与民意之间相差如此之大，司法也不能完全无视舆论的反应和压力，那又应该如何在这两者之间作出平衡呢？如何既能独立司法，又在一定程度上回应民意呢？

该案的处理给了我们另外一个重大启发。

在作出判决后，法官立即建议、督促维多利亚女王动用行政权力对三名被告人实行特赦。

结果被告人从死刑被改为 6 个月监禁。各方皆大欢喜。

法官既宣示了法律对杀人行为应有的处罚态度，又充分考虑了本案的特殊性和民意的倾向，作出了尽可能和缓的判决。

法官之所以用这种方式回应民意，是因为英国国家体制中的制衡观念。如果由法官直接判决被告无罪，则等于司法权侵害了立法权，属于法官造法。为了让法官严格执行立法机关确立的法律，把握好立法权、司法权之间的界限，法官只能依法审案。

但是，由此出现的量刑畸重、不符合民意期待的问题怎么处理？女王完全可以动用行政权，以法外施恩的方式加以解决。因为司法权是不用考虑民意的，但行政权必须回应民意，用女王的特赦权对被告改判还可以展示女王的仁慈，因此是非常理想的处理方式。

如果没有这种权力制衡的理念，在公正司法和回应民意的问题上就会采取另外一种完全不同的处理方式。

比如，在邓玉娇案中，有人认为被告人邓玉娇的行为属于正当防卫，有人认为构成防卫过当，法院最终认定构成防卫过当，判处其故意伤害致人死亡罪。这在法律定性上没有问题，但明显不符合舆论的期待，人们普遍同情被告人。因此，法院以免予刑事处罚的方式平衡了法律与民意的冲突。

许霆案也是如此。按照该案的事实和法律，法院判处其盗窃罪成立当无问题。但问题是，根据当时的法律，一旦成立盗窃，就属于盗窃金融机构，而盗窃金融机构的最低刑也是无期徒刑；但舆论对许霆普遍同情，认为这一行为不应该被认定为犯罪。此案如果严格按照法律定罪量刑，显然会与民意期待差距过大，按照《刑法》第 63 条的规定，如果没有法定的减轻处罚情节的，可以层报最高人民法院在法定刑以下处理。这一条文就属于中国式的法外开恩程序。许霆的行为最后仍然被定性为盗窃，但最终量刑为 5 年，实现了法律与民意的巧妙平衡。

　　你看，面对同样的问题，不同制度背景下的司法活动，分别采取了不同的应对方式。我们没有英国那样的制度设计，因此，在定罪阶段坚持独立司法，考虑法律效果，而在量刑环节回应民意，考虑社会效果。

　　不过，值得思考的问题是，量刑权也属于司法权，司法机关以量刑回应民意的做法，固然可以同样平衡二者的矛盾和冲突，但实际上会让司法权和民意纠缠不清。在我国，司法活动应该整体独立于民意，才是我国"依法独立公正行使审判权检察权"的题中应有之义。

　　另外，虽然我们并不实行英国那样的制度设计，但特赦这种处理方式背后所蕴含的尊重司法活动规律、以行政权化解司法权困境和僵局的智慧，同样值得借鉴，并应当更多地加以应用。

附录 历史上的法案

之所以要写《历史上的法案》这个专栏,是因为不满于今人对于古人的苛责。

比如,我们苛责中世纪的刑讯,却忘记了法定证据制度的约束条件。

我们苛责连坐制度,却忘记了监控信息不对称的约束条件。

为了社会治理,刑讯和连坐,在当时很可能是一种不得已的制度选择。

如苏力教授所言,一个群体的长期"愚蠢",从功能主义视角来看,很可能就是他们在生存的具体情境中被逼出来的唯一选项,因别无选择,所以是智慧。

任何一代人的智慧都要面对时代的约束条件,都要被用来解决当时当地的问题,而一旦离开这些约束条件和时代问题,所谓的智慧就会在后人眼里成为愚昧。

因此,智慧往往以愚昧的名义在史书中蛰伏。

犹如对马云的嘲笑,但是,"他要比你傻,你就比他富"了。

批判,往往不是因为智商的剪刀差,而仅仅是因为信息的不对称。

古人作出决策的依据,已经不为我们所知。

因此,我想穿过历史的迷雾,去还原这种约束条件和时代问题,让今人看到并由此尊重古人的智慧。

要警惕,在反对共时普世价值的同时,却拥抱了另一种历时的普世主义。

不希望得到什么具体的结论,理解本身就是目的。

因为,我讨厌批判。

01 1919年美国禁酒令

美国宪法第十八修正案（1919）

第一款

本条批准一年后，禁止在合众国及其管辖下的一切领土内酿造、出售或运送作为饮料的致醉酒类；禁止此类酒类输入或输出合众国及其管辖下的一切领土。

第二款

国会和各州都有权以适当立法实施本条。

第三款

本条除非在国会将其提交各州之日起七年以内，由各州议会按本宪法规定批准为宪法修正案，不得发生效力。

堂堂一国宪法，居然去规定饮酒的问题，宪法不再是"公民权利指南"，俨然成了"公民道德读本"。

而且，以高度稳定闻名的美国宪法，在美国建国200多年来，仅仅通过了26条修正案，而关于禁酒，居然就占了其中2条。而全部26条修正案中，只有第十八修正案——禁酒令是唯一限制人们自由的条款。

不仅如此，根据对第十八修正案中"作为饮料的致醉酒类"含义的解释，所有酒精含量超过0.5%的饮料都在禁止之列，禁酒力度之大，范围之广，前无古人，想必也后无来者。

所以，问题来了。

为什么20世纪20年代左右的美国，会对饮酒如此排斥以至于需要如此大张旗鼓地动用宪法修正案的方式加以禁绝？这背后，究竟反映了一种什么样的时代精神？

1620年9月6日，36名清教徒和另外一些躲避英国宗教迫害的"教外之人"共102人，乘坐五月花号来到美洲大陆。

为了应对船上存水变质的问题，这些清教徒随船带了很多可以长期保持新鲜的啤酒，才解决了长途航行中的饮水问题。

"五月花号"上一名乘客在1620年12月19日的日记中写道："我们不能再花太多时间寻找了，船上的储备即将用尽，尤其是啤酒。"

可以毫不夸张地说，这些清教徒之所以选择在普利茅斯这个地方登陆，很大一部分原因就是船上的啤酒已经喝光，无法找到其他安全的水源。

附录 01 | 1919 年美国禁酒令

这个国家，从一开始，就和酒结下了不解之缘。

美国人对酒的依赖，就像中国人对茶的依赖一样。

美国的建国之父们几乎个个好酒。

乔治·华盛顿自己就建有一座威士忌蒸馏厂，占地 4 000 平方英尺，年生产量可以达到 4 万多升。

亚当斯每天起床后的第一件事就是喝一大杯烈苹果酒。

杰斐逊则喜欢收藏上好的法国葡萄酒，梦想着有朝一日美国的葡萄园能够和法国媲美。

就连之后的林肯，早年也曾靠售卖威士忌为生。

在南北战争期间，北军统帅格兰特是一个不折不扣的酒鬼。而被他打败的南军统帅罗伯特·李将军不得不承认，喝咖啡的人，终究打不过喝烈性酒的人。

据说，林肯总统当年还曾特意打听格兰特将军喝酒的牌子，派人购买 10 吨酒给那些没有打过胜仗的将军，希望他们也能尝到胜利的滋味。

总统们如此，普通国民的生活就更可想象了。

美国人从 1773 年反抗英国殖民者的茶叶税开始，就抵制茶叶这种曾经给他们带来过巨大税赋压力的饮料。

酒精而不是茶叶，就一直成为美国人茶余饭后的主要饮品。

根据美国历史学家戴维·麦卡洛在《1776：美国的诞生》一书中的记载：一名英国军舰上的外科医生利用职务之便探访了几处乔治·华盛顿领导的大陆军营地。他描述说，"路上满是推车和马车，拉的大多是军用物资"。同时他注意到，还有多得超出必要的朗姆酒，"因为没了新英格兰朗姆酒，新英格兰军队就散了"。

据他计算，叛军每人每天要干掉一瓶朗姆酒。所以，即便拖欠军饷，华盛顿也要首先保证士兵每天都能喝上朗姆酒，只有这样，才能防止军队哗变。

1829年3月4日，美国第七任总统安德鲁·杰克逊举行就职典礼仪式。他邀请公众参加白宫的欢庆活动，大批醉汉涌入白宫，新总统只好在保镖的护卫下跑到了附近的旅馆躲避，而幸亏工作人员急中生智，将大桶大桶的威士忌放到白宫院子的草坪上，寻找新酒的人群才逐渐从白宫里退了出来。

从应对生存需要的"五月花号"上的啤酒，到应对生理需要的一日三餐的威士忌，其间最重要的转化，来自苏格兰和爱尔兰的移民。

正是他们，给这片美洲大陆带来了他们家乡的蒸馏技术，从而改变了美国的饮酒结构。

这一点，我们可以从美国威士忌的两种拼写中看得出来。

1870年左右，因为使用的是落后的科菲蒸馏器，所以苏格兰威士忌的质量还非常之差，爱尔兰酒商在把威士忌出口到美国的时候，就希望把自己的产品和苏格兰的威士忌区分开来，因此就在whisky中间加了一个e，变成了whiskey的拼写方法。

而威士忌的蒸馏技术自从传入美国后，也直接改变了美国种植业的结构。人们为了赚取酒类贸易中的巨额利润，开始纷纷改种可以蒸馏成威士忌的作物，如玉米、小麦和燕麦。

原来人们一日三餐都会喝点两三度的啤酒，现在却突然开始喝烈性的威士忌了。

根据一份统计资料显示，1830 年，超过 15 岁的美国人每年平均要消耗掉 88 瓶威士忌，三倍于 21 世纪的美国人。美国人每年花在酒精上的钱要多于整个联邦政府的花销。

醉鬼开始遍布救济院、医院和街道。

正是烈性酒所带来的一系列严重的家庭和社会问题，开始和美国社会的其他社会变革因素结合在一起，酝酿了后来轰轰烈烈的禁酒运动。

但是，禁酒远没有想得那么容易。

如果美国社会真的醉鬼遍地，那么支持禁酒的这支力量又来自何方？

第一支力量当然是妇女团体。每次家中男人酗酒，直接受害的都是他们的妻子和孩子。妇女轻则被虐待，重则被遗弃，由此失去宝贵的经济来源和容身之所。因此，妇女自然成为禁酒运动的主流力量。

而且，禁酒运动恰好处在美国女权主义运动的兴盛时期。前有被称为第二次制宪的 1870 年宪法第十五修正案赋予黑人投票权，后有 1919 年的宪法第十九修正案赋予妇女投票权。

其实，早在废奴运动时期，女性就已经登上了政治舞台，积极参与废奴运动。比如，1848 年，在著名的女权运动倡导者伊丽莎白·斯坦顿（Elizabeth Cady Stanton）与柳克丽霞·莫特（Lucretia Mott）的组织下，全国性的女权运动大会在纽约州召开，呼吁赋予女性投票权。

但是，因为当时反对废奴的势力还比较强大，如果同时争取黑人投票权和女性投票权，宪法第十五修正案就已经没有任何通过的可能。因此，出于策略的需要，女性投票权就被搁置了下来，直到半个多世纪后才正式确立女性投票权。

而处于 1869 年和 1920 年之间的轰轰烈烈的禁酒运动，因此成了美国妇女团体推动女权运动的又一战场。

卡里内森就是这些女性中的一个典型代表。

她的母亲患有精神疾病，自称是维多利亚女王，最后死在疯人院中。她的第一任丈夫死于酗酒。她决定与酒精作战。

她带着标志性的武器斧头，组织了一支由上百名女性组成的家庭保护军，开始以暴力和极端的方式袭击了 100 多家酒馆，以至于立法机关为此专门出台了一项法案在当地严格禁酒，以安抚这支让人生畏的女性团队。

当然，这场以女性为主体的斗争并非总是以这种非理性的方式进行。她们也试图对酗酒的男性和酒馆主人进行道德劝说，有一批女性去了 911 个社区进行宣讲，也的确有 1 300 多家酒精销售门店关闭了。

但是，没过多久，绝大多数酒馆就重新开张了，她们的努力付诸东流。

经过多种尝试的妇女们终于意识到，必须依靠更为强大和持续的力量才能够把这场禁酒运动引向胜利。

一个名叫弗朗西斯·威勒德的女性，开始执掌基督教妇女禁酒联合会（W.C.T.V.），在长达19年的领导生涯中，她率领25万禁酒大军以一种非暴力的方式对抗酒精。

在担任主席的前9年中，她在1 000多个美国小镇发表过反对酒精的公共演说，其中包括人口高于1万的每个城市，以及人口多于5 000的绝大部分城市。

她还把目光投向海外，利用一次帆布请愿征集到了100万个反对酒精者的签名，目的就是让各国领导人能够重视这一问题，并在全球范围内禁止酒精。

她把这次斗争形容为一场女儿、妻子和母亲的战争，并在禁酒运动的过程中，自觉地将这起运动和女性投票权联系在一起。

整个运动成了一次普及女性参政观念的绝佳机会。考虑到当时很多妇女还不习惯于公开谈论政治，弗朗西斯巧妙地将这场运动称为家庭保护，从而打消了很多妇女说出自己心声的顾虑。

一场女权主义思想的启蒙，就在一场具体的、针对酒精的战争中开始萌芽和生长。

除女权运动的推波助澜以外，禁酒令得以在 1919 年颁布，还要得益于当时美国社会巨大的移民浪潮和城乡结构的变化。

美国最初就是一个主要由清教徒组成的国家，但是由于欧洲大陆频繁的战乱和灾害，越来越多的欧洲人开始移民这块崭新的大陆。

在现在的美国种族构成中，我们几乎已经很难看到所谓纯粹的美国人究竟是指哪个族群。

也正因为如此，美国一直流行一种种族融合的"熔炉理论"。这种理论认为，不存在什么德裔、爱尔兰裔、华裔等，只要来到美国，经过熔炉的统一冶炼，出来的就是一种崭新的民族——美利坚民族，大家都是美国人。

还有一种名为"合金理论"的观点。这种观点认为，美国这种多民族融合的社会将在各自民族特性的基础上创造出一种合金，其硬度要超过原来任何一种金属成分。

话虽如此，但在 19 世纪末、20 世纪初的美国，情况却并不如此简单。

作为一个传统上的新教国家，突然间多了很多天主教徒，多了很多信奉天主教的爱尔兰人、信奉犹太教的犹太人，总会让最早来到这片土地的美国人感到不适。

尽管最早的清教徒移民并不排斥饮酒，但新移民完全不同的饮酒风格更是让他们感到了不适。

德国移民来到美国,自然会把原来的啤酒酿造技术和饮酒习惯带到美国。

因为德国啤酒非常受欢迎,许多美国酿酒的工厂就是德国人开的,以至于当时的美国酿酒协会居然只会用德语来进行交流。

为了维持自己在酿酒上的巨额利益,开始有 200 万德裔美国人加入了反禁酒的"德国人—美国人联盟",酿酒商们也不断往这个联盟注入活动资金,以支持反禁酒运动,反抗对德国生活方式的改变。

1917 年,禁酒运动终于迎来了压垮骆驼的最后一根稻草。

当时"一战"激战正酣,德军开始攻击美国商船,从而激起了美国国内对于德国人和德裔美国人的反感情绪,德国猎犬会被乱石砸死,德语课本会被学生撕得粉碎,德语不能说了,德国报纸不能印了,德国名字不能叫了,连源于德国的食品都改了名——汉堡包改为"索尔兹伯里牛排"(Salisbury steak),德国香肠改作"自由卷心菜"(Liberty cabbage)。

禁酒运动终于迎来了宝贵的战机。

W. C. T. V. 不失时机地呼吁出台临时战时禁令。因为战争需要更充足的粮食供应,而战时用粮食酿酒,显然是不利于援战的,因此禁止将宝贵的谷物出售给酿酒商。

当 1917 年 4 月 2 日,威尔逊总统前往国会山,征求国会同意对德国开战之后,全美禁酒的呼吁很容易就获得了两院的通过。

美国参战前大约1 000个酿酒商,在几个月的时间内几乎有半数倒闭。

正是在这样的背景下,1919年,在全美禁酒的宪法第十八修正案正式颁布,并于1920年正式实施。

这个时间点可谓恰逢其时。

因为1913年美国刚刚通过第十六修正案,历史上第一次许可联邦政府征收个人所得税,当年就获得了1亿美金的税收收入。

而在此之前,酒类税收几乎占到了联邦财政税收的70%,如果没有这笔替代性的税源,仅仅出于财政考虑,美国国会也不可能通过禁酒法令。

而如果美国再晚些参战,时间拖到1920年以后,禁酒令恐怕也无法获得顺利通过。因为据W. C. T. V.的估计,一旦1920年美国启动新一轮人口普查,城市人口,也就是反禁酒的人口将会在国会中占据更多席位,而主张维持美国生活传统、认为酗酒的城市是罪恶温床的小镇席位将会相应减少。

于是,在1869年黑人获得选举权和1920年妇女获得选举权之间,在1913年开征个人所得税和1920年国会席位改选之间,1919年,美国禁酒法案正式颁布。

历史,就是这样为我们诠释了偶然和必然交织的因果规律。

02　1815 年英国《谷物法》

1776 年，北美 13 个殖民地脱离英国宣布独立。

同年，一个叫作亚当·斯密的苏格兰人发表了划时代的经典巨著《国富论》，正式提出了自由贸易理论。

根据这一理论，在国际贸易中，政府不应实行歧视性的保护政策，而应互相降低关税，让贸易更为自由地进行。只有如此，才能真正实现国富民强。

而在此之前，人们还普遍信奉重商主义的一套说辞。这一理论认为，金银才是真正的财富，而国内贸易并不能增加金银的总量，只有把本国的商品销往国外，并且在出口大于进口、贸易顺差扩大的时候，才可以从他国赚取宝贵的金银。

而为了获得贸易顺差，最好的办法当然就是鼓励出口，同时限制进口。

前者可以通过给予出口商以出口补助来降低出口产品的成本，而后者则可以通过对进口商品征收高额关税来压缩进口商品的利润。

这样双管齐下,结果自然就是日进斗金,国库也会日渐充盈。

在这种思想的影响下,当时的英国颁布了很多体现重商主义政策的法案。

例如,为了遏制原料输出,英国曾在14世纪至19世纪上半叶禁止在海岸线5英里范围内剪羊毛;为了限制进口,英国在1666年的安葬法中规定,安葬时所用的裹尸布只能用国产厚呢绒,而不得使用进口薄棉布;到了1721年,甚至一律禁止使用或展示任何进口棉布,违者将被处以高额罚款,而且被罚款项直接奖励给举报人。

最能体现重商主义政策的法案要数1651年克伦威尔执政时期通过的《航海条例》(又译《航海法案》)。按照该法案,某些地区的产品只能卖给英国,而且,一切输入英国的货物,必须由英国船只载运,或者由实际产地的船只运到英国。

看起来这段规定并没有什么具体的指向性,但实际上,当时有实力和英国一争高下的,只有荷兰这一个国家。

因此,为了维护自己的海上利益,荷兰只能和英国开战。但遗憾的是,四次英荷战争,英国赢了荷兰两次。

后来,英国开始逐渐扩大自己的势力范围,在世界范围内攫取了更多的财富和殖民地,一个强大的"日不落帝国"开始形成。

附录 02 | 1815 年英国《谷物法》

正是在重商主义政策的影响之下，1815 年，英国议会通过了历史上著名的《谷物法》。

为了保护英国的农业，《谷物法》明确规定："在英国粮价每夸脱低于 80 先令时，绝对禁止粮食进口。"

在今天看来，这一严重违背亚当·斯密自由贸易主义的法案，还原到当时的历史条件之下，却是有一定合理性的。

首要的原因还是在于统治者"稳定压倒一切"的政治思维。

当时英国社会正在进行工业革命，粮食供给根本无法满足国内的粮食需求。粮食进口比例一直居高不下，每年进口粮食总量都要占当年需求量的六分之一左右。

而且，在第三次英法战争中，拿破仑先后颁布多项敕令，对英国进行严密的经济封锁，导致英国的粮食进口几乎全部中断。

再加上 1809 年和 1810 年英国国内连续两年的粮食歉收，平均粮食价格从封锁前的 66 先令猛涨到 1810 年的 117 先令。

因为买不起食物而引发的暴动在全国各地频繁发生。

另一方面，粮食价格的猛涨导致农业经营大有可图，土地投资因而急剧增加。

但是，随着战争接近尾声，以及此后数年的粮食大丰收导致的粮价回落，很多地主又纷纷破产。

不论是粮价高企带来的饥民暴乱，还是粮价回落带来的社会动荡，都要求必须把保持社会稳定作为制定国家政策首要考量的目标。

这种社会条件必然会催生出一种相应的经济理论。

比如，著名的经济学家马尔萨斯就认为，安全比财富更为重要，如果一个国家把农业的供应寄托在外国身上，一旦遇到战争或其他紧急情况就会非常危险。

所以，对谷物贸易的放开应当是渐进的，农业和其他产业不同，谷物的自由贸易进程应该和工业制成品保持一致，在工业品保持关税保护的情况下，实施谷物的自由贸易，就必然会让英国进口农产品的价格变高，出口农产品的价格变低，最后导致农业衰退，危及社会稳定。

正是在这种"稳定压倒一切"的思想背景下，1815年《谷物法》才得以出台。

但是，随着工业革命的完成，当初制定《谷物法》的形势发生了翻天覆地的变化。

英国从别国进口的货物变成了各种原材料，如果再征收高额的关税，就已经不合时宜了；相反，如果降低关税，实行自由贸易，英国就可以拿到全世界最便宜的原材料，而自己生产的工业产品卖往他国，如果对方也能同样不征收高额关税，实行自由贸易，自然就会在国际市场上获得绝佳的竞争优势。

这"一进一出"的时代条件，已经今非昔比。

如今的英国，只有放弃重商主义的论调，号召全世界都来实行亚当·斯密所提倡的自由贸易政策，才符合这个阶段的英国利益。

所以，英国在完成工业革命之后，人们才开始真正重视起《国富论》里提出的自由贸易思想，并开始落实到基本国策中。

于是，一大批体现早期重商主义政策的法案相继被废除，这其中，实行了将近200年之久的《航海条例》首当其冲。

但是，让人费解的是，在这一迈向自由贸易的时代洪流之中，唯独《谷物法》被保留了下来。

对于这样一部体现了典型重商主义政策的法案，即便在英国爆发大规模的反《谷物法》运动的时候，议会也是以200对95票的绝对优势拒绝加以废除，直到1845年的爱尔兰土豆饥荒，才最终促成了《谷物法》的废除。

而其间，英国各种政治力量逐一粉墨登场，开始了持续近30年的关于存废《谷物法》的激烈斗争。

是什么让《谷物法》成了自由贸易政策和重商主义政策对决过程中最后一座难以攻克的堡垒？

自由贸易理论真的是放之四海而皆准的真理吗？它的有效性需要什么样的约束条件？

在传统上,我们习惯于用保守来解释制度变革的阻力,似乎真理一定掌握在变革者的手中,但《谷物法》的存废过程告诉我们,所谓正确与错误、进步与保守往往并没有书斋里想象的这么泾渭分明。

我们必须了解,自由贸易只是一种经济理论,它关注的更多是经济效率。而一个国家采取何种贸易政策,却是一种政治抉择,它必须考虑其他的统治目标,既要追求财政收入的最大化,又要保证安全、稳定等公共品的提供效率。

因此,任何一项公共政策的出台,都是在各种统治目标之间进行权衡而非取舍的结果。贸易政策更是如此。

一个国家如果仅靠观念就能推动其历史的进步,往往会有翻车的危险,因为观念本身只是加速器,而没有刹车板。

而1815年通过的《谷物法》看似逆自由贸易的历史潮流而动,但实际上,却是当时的执政者不得不作的政治选择。

根据黄少安、郭艳茹教授的研究,英国当时大量的农民由于失去土地,成为自由劳动力,但英国当时的工业发展还无法吸纳如此多的劳动力就业。劳动力的过度供给,导致工人工资下降和大量失业,因而经常引发工人骚乱。

为了保持社会稳定,英国政府不得不动用大量财政收入用以济贫。在《谷物法》通过的1815年,这笔支出已经高达540万英镑,1818年更是猛增到790万英镑。

到了1831年,英国社会的小农场主几乎占到全国拥有土地总人数的 47.3%，如果不能通过贸易政策对农业进行特殊保护，势必会有更多小农场主破产，加剧英国社会动荡的趋势。

而《谷物法》的出台和存续，在客观上延缓了这些小农场主破产的过程，一定程度上缓解了这种压力。

其实，《谷物法》能够存续，根本原因还在于当时农业占英国 GDP 的比重一直居高不下，如果实行谷物自由贸易，谷物价格一旦下跌，农业部门中农民和地主的收入就会大减，这会对全国经济造成巨大打击。

而当时的政权主要还掌握在这些大地主手里，他们当然不会坐视《谷物法》被废除，最终损害自己的利益。

但是，到了 1832 年，情况却发生了根本性的变化。

正是在这一年，英国进行了第一次议会改革，重新分配了 143 个议席，人口增加的选区议席增多，新兴工业城市也取得较多议席。

而且，选举资格也从原来的身份资格调整为财产资格，降低了对选民财产和身份的要求，扩大了选民范围，工业资产阶级得到了选举权。

之所以出现这种变化，是因为英国已经逐渐成为世界上第一个完成工业革命的国家。如果说，之前人们还认为国家应当集中资源支持占据比较优势的农业的话，那么工业革命的完成使得继续实行《谷物法》已经构成了对工业发展和消费者福利的潜在损害。

因此，学界开始出现对待《谷物法》的不同态度。最典型的就是著名经济学家马尔萨斯和大卫·李嘉图的争论。

马尔萨斯的主要观点很简单，如果实行谷物的自由贸易，势必会使英国长期依赖外国的廉价谷物，因为劳动者领取的是生存工资，一旦他们的生存成本降低，资本家就会随之降低他们的工资水平。

而且，谷物价格降低后，地主收入肯定会锐减，这样一来就没有剩余的资金投入工商业，英国产品的数量和品质就会很快被外国超越。

但是，李嘉图却持针锋相对的观点。

他认为，工资降低，正好减少了工业制成品的生产成本，反而有利于增强英国产品的国际竞争力。

而且，当时的英国已经不再是一个传统的农业国家，实行自由贸易虽然会让廉价谷物冲击英国的农业，但同时也会带来其他廉价原料的进口。

廉价原材料加上英国的先进技术和生产效率，就可以通过增加出口来获取更多的利益。

所以，废除《谷物法》才符合英国的整体利益。

这并非无聊的口舌之争，实际上，我们可以从两人的观点当中看出当时英国社会的巨大变化。

可以说，正是英国向工业国家的急速转向导致整个社会对待《谷物法》立场的改变。

1838年，英国工业城市曼彻斯特的几个大工厂主率先成立了"反谷物法同盟"，极力鼓吹自由贸易思想。因为反谷物法同盟的领导人几乎全是曼彻斯特人，所以后世称其为曼彻斯特学派。

显然，工业家们在废除《谷物法》、扫平自由贸易的最后一个障碍方面最为积极。

正是反谷物法同盟造成的巨大政治压力促使本来属于保守阵营的托利党首相皮尔最终也开始支持自由贸易政策。

他在1839年的一次议会发言中表示："除非《谷物法》表现出不仅与农业的繁荣、地主利益的维持相一致，而且也与国家整体利益的维持、保护，特别是劳动阶级状况的改进相一致，否则它实际上就已经完结了。"

终于，随着工业革命的完成和工业利益的扩大，《谷物法》赖以存续的社会基础动摇了。

最终，它只需要等待压倒骆驼的最后一根稻草。

1845年，英国和爱尔兰的土豆因为病虫灾害而严重歉收，饥荒造成了严重经济危机，成百万人饿死，大量爱尔兰人因此逃往北美。为了度过灾荒，必须放开粮价，让外国粮食自由进入英国。皮尔终于在这个时候下定决心，于1846年废除实行了30多年的《谷物法》。

重商主义的最后一座堡垒在偶然和必然因素的交相作用

下,终于寿终正寝。

英国由此进入自由贸易主义的鼎盛时期。

而此时,距离亚当·斯密 1776 年在《国富论》里提出自由贸易理论,已经过去了整整 70 年。

思想背后的利益,以及利益背后的思想,就这样在历史的长河里不断交相辉映,催生出一朵又一朵转瞬即逝的美丽浪花。

后 记

疫情肆虐的庚子之夏，想起23年前的此刻，当父亲为我慎重填下"法学系"这一高考志愿的时候，我甚至不知道，这个专业具体是干什么的。

此后的23年，一路误打误撞，读了硕士、博士，做了博士后，还到香港大学做了访问学者，却在某一个清晨读书的时候，突然问自己："你真的爱上法学了吗？"

看着手上的哲学史，我知道，还没有。

长期以来，无论读书观影，还是清谈旅游，我都偏爱有更大时空观的主题。

宇宙，动辄近百亿年；地球，动辄数十亿年；生物史，动辄几亿年；人类史，动辄数百万年；文明史，动辄数千年……

而我所处的专业——刑事诉讼法，则只能从《中华人民共和国刑事诉讼法》修改的2018年讲起……

这样的学科，的确无法承载我对浩瀚时空那种不可抑制的好奇心。

  某种程度上,这本小书是我怀着乡愁,试图在法学的知识范围内,拓展时空边界、寻找精神家园的真诚努力。

  我试图让一些法律问题,嵌入更为久远的年代背景,融入社会历史的时代漩涡,搅动最富思辨的逻辑分析,以此助我,在专业里安身立命。

  我不知道自己做到了没有。

  但追问其实也没有意义。

  当年,漫步于上海南京路闹市的钱钟书,看到人来人往,突然悲从中来,生出远征希腊的波斯王薛西斯式的感伤。

  后者在见证自己百万大军渡过赫勒斯滂海峡时,忽然流泪,被人问起原因,他回答说:"一想到百年以后,这里的人没有一个能活着,我怎能不感到彻骨的悲伤呢!"

  这,也许就是大时空观对僭妄的人类的一种警醒和约束。

  下一个庚子,作为个体生命的我,必将消失,这本小书如还在人间,想必会有它独立的生命,以及对另一个生命的意义。

  而此时的我,如同钱老和薛王,只有面对永恒的战栗。

  为此,我特意挑选了设计师提供的一幅静物图作为封面图案,如果你仔细观赏,会发现,图画并没有一个固定的透视焦点。

  如果桌子以如此角度朝向观众,则瓶子就不可能如画中表现的那样保持直立。

后　记

　　所以，画家在创作时，其实是分别从不同立足点进行观察，然后将各个角度看到的东西，组织到一个画面空间。

　　这在艺术中，叫做"散点透视"。

　　我们可以在中国古代山水画以及古埃及以"正面律"创作的壁画中找到它们的亲缘形态。

　　一幅现代绘画，联通了古今与中外，更蕴含着凡事均有不同立场，而各种结论却仍可和谐共处于同一画面空间的深刻寓意。

　　如同封面，这本小书也是一部安静的、试图穿越时空的作品。

　　同时，也追求一种多元的平衡。

　　幸好，一切都是相对的！

2020 年 6 月 17 日
于疫情下的江城